BIBLIOTHÈQUE NOUVELLE
à 1 franc le volume
(HORS DE FRANCE : 1 FRANC 25 CENTIMES LE VOLUME)

ÉLIE BERTHET

LA

BASTIDE ROUGE

PARIS
LIBRAIRIE NOUVELLE
BOULEVARD DES ITALIENS, 15
—
A. BOURDILLIAT ET Cie, ÉDITEURS
—
1860

LA BASTIDE ROUGE

OUVRAGES DE M. ÉLIE BERTHET

EN VENTE A LA MÊME LIBRAIRIE

LES CHAUFFEURS, 1 volume grand in-18............. 1 fr.
LA ROCHE TREMBLANTE, 1 volume grand in-18....... 1 fr.

Paris. — Imp. de la Librairie Nouvelle, A. Bourdilliat, 15, rue Breda.

ÉLIE BERTHET

LA

BASTIDE ROUGE

PARIS
LIBRAIRIE NOUVELLE
BOULEVARD DES ITALIENS, 15

A. BOURDILLIAT ET Cⁱᵉ, ÉDITEURS

La traduction et la reproduction sont réservées.

1860

LA BASTIDE-ROUGE

I

L'auberge provençale

A une lieue environ de Marseille, au bord d'une grande route, s'élevait autrefois l'auberge de la *Belle-Maguelonne*. C'était une assez pauvre masure où s'arrêtaient parfois les piétons, rarement les gens à cheval et jamais les gens en voiture; un de ces cabarets borgnes dont la porte est surmontée d'une branche de pin et que les buveurs appellent, dans leur fanatisme bachique, *une chapelle*. Les abords en étaient d'ordinaire d'une malpropreté révoltante; le bâtiment, perdu dans un massif d'arbres, manquait d'air et de lumière; enfin, aucun effort n'avait été fait pour donner le change au passant sur les incommodités d'un pareil logis.

En dépit de cet extérieur peu attrayant, la salle basse de l'auberge de la *Belle-Maguelonne* présentait, un soir d'été 182*, un tableau d'abondance et de béatitude. La *labéchade*, ou *labech,* ce vent si redouté sur les côtes de Provence, soufflait avec violence au dehors et tourmentait les plantations de mûriers et d'oliviers voisines de la maison. Le gravier du chemin, soulevé par ces tourbillons impétueux, venait grésiller contre les vitres; la nuit était noire, le ciel nuageux. Ne supposant pas qu'aucun voyageur pût s'arrêter chez lui à pareille heure et par ce mauvais temps, l'hôte avait fermé sa porte et fêtait, en compagnie de sa famille, une somptueuse bouille-à-baysse où l'oignon, l'ail et le pébré d'ail n'avaient pas été épargnés.

La famille était assise sur des bancs de bois, autour d'une table graisseuse et sans nappe, éclairée par une misérable lampe de fer-blanc. Elle se composait d'abord de l'aubergiste, petit homme trapu, à chemise rayée, à volumineuses boucles d'oreilles de cuivre, à l'œil vif et ardent; puis de sa digne moitié, grosse gaillarde de vigoureuse encolure, dont la lèvre supérieure disparaissait sous une véritable moustache noire, au verbe haut, à la main leste; puis d'une demi-douzaine de marmots, sales et peu vêtus, s'escrimant de leur mieux avec leurs cuillers de bois et avalant sans sourciller un mets capable d'écorcher des palais septentrionaux. Tout cela piaillait, s'agitait, jurait en patois provençal de l'air le plus satisfait du monde.

D'autres tables étaient disposées pour les pratiques ordinaires du cabaret, mais toutes étaient inoccupées en ce moment, excepté une placée dans l'angle de la salle. A la lueur d'une chandelle fumeuse que l'on oubliait de moucher, un jeune homme de figure douce et intéressante, dont le costume était d'une coupe moderne, sinon élégante, écrivait avec application, sans s'inquiéter du tapage. Sa physionomie exprimait une profonde douleur; ses doigts agiles faisaient voler la plume sur le papier, comme s'ils n'eussent pu suffire à donner une forme aux idées fiévreuses qui se pressaient dans son cerveau. Son attitude mélancolique, recueillie, contrastait avec la bruyante agitation de la famille prosaïque et goulue, à laquelle il était évidemment étranger. Du reste, on ne semblait pas plus s'occuper de lui qu'il ne s'occupait des autres; seulement, une fois, l'hôte, qui s'appelait de son nom Jacques Cayou, et par sobriquet Bécasson, avait dit en patois à sa compagne, en haussant les épaules :

— Regarde donc, Babet; ce pauvre petit M. Maurice écrit encore à sa mie, et ne songe pas à souper... Si ça a du bon sens de salir du papier comme ça, bagasse! Il fait plus de pattes de mouche, depuis un quart d'heure, que je n'en fais dans une année pour tenir les comptes de l'auberge!

— Pécaïré! répliqua la robuste virago en jetant un regard de sympathie sur le jeune homme, c'est à fendre le cœur!... Tu auras soin, Cayou, de compter les plumes et le papier; il y en a pour trois sous.

Le souper tirait à sa fin, lorsqu'un tourbillon de vent tomba avec fracas sur la maison; au même instant la porte s'ouvrit brusquement, et un homme se précipita dans la salle. L'introduction subite de l'air extérieur fut sur le point d'éteindre la lampe; Babet fit entendre une exclamation d'impatience; mais presque aussitôt le nouveau venu, refermant la porte avec effort, s'écria d'un ton joyeux, avec un accent étranger :

— Au diable cette labéchade qui ne reconnaît pas une ancienne connaissance! La vilaine m'a bourré les yeux et le nez de gravier. — Pouah! j'ai du sable dans l'estomac... Allons! mes bonnes gens, servez-moi bien vite quelque chose pour me réconforter, *if you please*. Le kamsin d'Afrique luimême m'a moins maltraité que votre enragé de vent marseillais!

En même temps il se laissa tomber sur un siége, en face d'une table, et se mit à tousser, à se frotter les yeux en poussant des exclamations bizarres, empruntées évidemment à des langues différentes.

L'hôte et sa femme, avant de quitter leur repas pour servir l'inconnu arrivé chez eux d'une façon si extraordinaire, l'examinaient avec curiosité. C'était un grand homme sec, de quarante-cinq ans environ, au visage basané, aux cheveux gris et rares. Son costume, assez pauvre, mais étrange, consistait en un large pantalon, à la mode orientale; une veste de marin était serrée autour de sa taille par une écharpe de cachemire des Indes, à la vérité fort sale et en lambeaux; il était coiffé d'un bonnet fourré, d'une forme singulière. Sous cet accoutrement un peu hétéroclite, l'inconnu conservait une espèce de fierté, dernier signe peut-être d'une ancienne opulence; mais la joyeuse insouciance répandue sur son visage désignait le bon compagnon assez peu disposé à se prévaloir de ses avantages présents ou passés.

Dame Cayou le regardait d'un air effaré.

— Bagasse! mon homme, dit-elle en provençal, qu'est-ce qui nous vient là? Serait-ce un marin?

— Ce n'est toujours pas un marin de nos mers, répliqua Bécasson avec mépris; c'est quelque *ponentais* de l'Océan.

Cependant, il s'essuya la bouche du revers de sa manche, et s'avança vers le voyageur.

— Que faut-il vous servir, camarade? demanda-t-il en français.

L'autre ne parut pas s'offenser de ce ton de familiarité.

— Hem! hem! hem! dit-il en toussant pour achever de chasser la poussière arrêtée dans son gosier, que boit-on chez vous, *mio amigo*? Partout où j'ai passé, je me suis imposé la loi de suivre la mode du pays; j'ai bu du tafia à la Guyane, de la bière en Hollande, du rhum aux colonies, de l'eau saumâtre en Afrique, du madère à Calcutta... Cependant, j'y songe; si vous avez encore en Provence du vin de Lamalgue, comme autrefois, je renouerai volontiers avec lui d'anciens rapports d'amitié.

L'hôte n'avait pas compris grand'chose à cette harangue; mais ce mot de vin de Lamalgue lui suffisait; il disparut et rentra bientôt avec un verre et une bouteille qu'il déboucha lestement. Il trouva l'étranger occupé à considérer, d'un air pensif, le jeune homme qui écrivait toujours à l'autre extrémité de la salle. Quand le bouchon quitta avec bruit le goulot de la bouteille, l'inconnu tressaillit et redressa la tête.

— Eh mais! dit-il négligemment, je n'ai pas l'habitude de boire seul!... Apportez un autre verre, monsieur l'aubergiste; quelqu'un ici, je pense, voudra bien me faire l'honneur de me tenir compagnie.

Et son regard se fixait sur Maurice; mais Maurice n'avait pas levé la tête et écrivait toujours.

— De tout mon cœur, bagasse! ça ne se refuse pas, di

Bécasson avec vivacité, en paraissant prendre pour lui cette invitation au moins douteuse.

Il saisit son verre, l'emplit jusqu'au bord et le vida d'un trait en faisant claquer sa langue.

La pratique sourit, et, prenant son verre à son tour, invita par un signe Cayou à s'asseoir en face d'elle. L'aubergiste, déjà plus respectueux, ainsi qu'il convient envers tout amphitryon, obéit d'un air gauche. Comme l'étranger ne se pressait pas d'entamer la conversation et regardait toujours Maurice, le maître du lieu crut devoir ouvrir le feu de ses politesses.

— Vous êtes marin, monsieur? dit-il d'un ton câlin. Oui, marin et commerçant... armateur, peut-être? Pour sûr, vous avez navigué sur l'eau salée; ça se voit tout de suite.

Certainement le brave homme croyait faire le plus beau compliment du monde à l'inconnu; celui-ci répondit d'un air distrait :

— Vraiment, si après avoir doublé trois fois le cap Horn et cinq fois le cap de Bonne-Espérance on peut se dire marin, si, après avoir fait quatre fois sa fortune dans le commerce maritime on peut se dire commerçant, je suis certainement l'un et l'autre... Encore aujourd'hui bien des gens ne me nomment que *le Nabab*... Mais laissons cela, mon cher hôte, continua-t-il d'un ton différent, et causons d'autre chose. Vous demeurez trop près de la Bastide-Rouge pour ne pas connaître son maître actuel?

— La Bastide-Rouge, répliqua l'aubergiste d'un air capable, elle est à une demi-lieue d'ici, et M. Linguard, le propriétaire, ne passe jamais devant l'auberge, quand il va à

Marseille, sans me dire bonjour et me demander des nouvelles du pays.

— Fort bien ; ce M. Pierre Linguard est sans doute un homme riche, considéré ?

Au moment où l'aubergiste ouvrait la bouche pour répondre, sa femme lui cria en patois :

— Prends garde à toi, Bécasson, et tourne ta langue sept fois... il s'agit d'un voisin.

Le personnage qui se donnait lui-même le surnom de Nabab jeta à la ménagère un regard de travers, comme si, dans ses études polyglottes, il n'eût pas oublié la langue provençale.

— Pour ce qui est d'être riche, répliqua Cayou en remplissant de nouveau son verre, il n'y a pas de doute à cet égard. M. Linguard, outre la Bastide-Rouge, possède une maison en plein rapport dans la rue de Rome, à Marseille, une autre dans la Cannebière, puis des vignobles et une magnanerie dans la Crau, puis...

— Je sais, je sais, interrompit le voyageur avec un sourire amer ; et cependant maître Linguard n'était, il y a vingt ans, qu'un pauvre commis dans la maison de M. Fleuriaux, armateur à Marseille. Ne s'est-on pas étonné que tous les biens de cette famille aient passé ainsi entre les mains de ce Linguard ?

— Tourne ta langue sept fois, mon homme ! cria de nouveau Babet avec inquiétude.

L'étranger se redressa :

— Troun de l'air ! s'écria-t-il avec le plus pur accent provençal, *laissa lou parla !*

Les deux époux restèrent stupéfaits.

— Eh donc, pécaïré! reprit le mari d'un ton joyeux, je savais bien que c'était un des nôtres et non pas un ponentais. Songe donc, Babet, il a fait quatre fois sa fortune... Boirons-nous une autre bouteille, monsieur, pour fêter votre retour dans ce bon pays?

Le Nabab inclina la tête en signe d'assentiment, et Babet s'empressa de servir une bouteille du même vin. Bécasson emplit de nouveau les verres jusqu'au bord.

— Je parierais, monsieur, continua-t-il, qu'il n'y a pas longtemps que vous êtes débarqué; on devine ça.

— Il y a quelques heures seulement, et j'étais à bord de *la Minerve*, venant de l'Inde.

— *La Minerve!* bon navire et un brave homme de capitaine. Bagasse! Et vous voilà revenu en Provence, monsieur, c'est bien ça!... on aime toujours à laisser ses os au pays.

— Moi, je n'y tiens pas absolument; car demain peut-être je m'embarquerai sur le premier navire en partance pour l'Australie ou le Canada. Cela dépendra des affaires que je dois terminer à la Bastide-Rouge cette nuit!

L'aubergiste et sa femme écoutaient avec étonnement; depuis un moment, Maurice lui-même était devenu attentif. L'étranger parlait avec une sorte d'insouciance, comme s'il lui était parfaitement indifférent de mettre l'univers entier dans la confidence de ses projets.

— Mais, *corpo di Bacco!* reprit-il joyeusement en s'emparant lui-même de la bouteille, vous ne m'avez pas dit, camarade, comment ce vieux coquin de Linguard avait fait sa fortune? A votre santé!

Ils trinquèrent et burent.

— Comment il a fait sa fortune? répliqua l'aubergiste qui commençait à s'animer, ce n'est pas facile à comprendre... Ainsi qu'on vous l'a dit, M. Linguard était commis dans la maison Fleuriaux, et on le regardait comme un pauvre diable; mais à la suite des malheurs de cette famille, il devint tout à coup propriétaire des biens de ses anciens maîtres. Le vieux Fleuriaux était mort; son fils Auguste, un mauvais sujet, un libertin fini, fut obligé de quitter le pays à la suite d'une vilaine aventure. Après son départ, Linguard montra des actes prouvant qu'il avait acheté et payé comptant les propriétés considérables de M. Fleuriaux. Ça parut drôle d'abord, mais les actes étaient en règle, la signature était bonne, et on finit par ne plus parler de cette affaire. Depuis ce temps, Linguard a prospéré encore; il a entassé écus sur écus, et il s'est retiré à la Bastide-Rouge, où il vit économiquement dans la retraite.

Le voyageur recueillait avec attention tous ces détails, et semblait chercher à classer dans sa tête des faits encore mystérieux. Il reprit avec un accent de tranquillité parfaite :

— Et ce jeune homme, ce mauvais sujet, Auguste Fleuriaux, n'a-t-on jamais entendu parler de lui? N'est-il jamais revenu dans son pays natal?

— Je ne crois pas, monsieur; car il y a eu un temps où on l'eût lapidé s'il avait osé se montrer. Songez donc qu'il avait séduit une jeune demoiselle de Marseille et avait tué en duel le frère de la pauvre fille... C'est une histoire qui a fait grand bruit dans le temps. On était si indigné contre lui qu'il fut obligé de se cacher, et on suppose qu'il s'embarqua sur un navire en partance pour le Levant. Quoi qu'il en soit, on

1.

n'a jamais eu de ses nouvelles, et tant mieux ; c'est un chenapan de moins !

— Amen ! répliqua le Nabab avec sang-froid. Mais, pour en revenir à Linguard, il jouit sans doute ici d'une grande considération, il passe pour un honnête homme, n'est-ce pas ? Il emploie convenablement sa fortune ?

— Hem ! hem ! monsieur, il y a bien quelque chose à redire. Linguard est un peu avare, on l'a accusé de faire l'usure et puis la contrebande. On prétend aussi...

— Si l'on peut répéter de pareilles calomnies contre un voisin ! s'écria Babet avec impétuosité. Va ! tu devrais rougir, Bécasson, de prêter l'oreille à ces infamies-là et de les conter à un étranger !... Imaginez, monsieur, que le vieux Linguard est la crème des bonnes gens, un cœur d'or ; mais comme on le voit fort peu, et comme il sort rarement de sa vieille masure de la Bastide-Rouge, les gens du pays font sur lui un tas d'histoires à dormir debout. Croiriez-vous qu'ils ont peur de passer le soir devant sa maison, les nigauds ! Je voudrais avoir un sac d'écus à aller chercher à la Bastide-Rouge cette nuit, on verrait, moi, si j'aurais peur !

— Eh ! eh ! ma commère, vous me paraissez capable d'aller chercher un sac d'écus dans la gueule du diable ! Ainsi donc, *carissima*, maître Linguard habite seul sa vieille demeure ?

— Pas tout à fait, monsieur, répliqua la ménagère, qui, après avoir coupé la parole à son mari, de crainte d'abus, se laissait entraîner elle-même à son amour pour le babil. Depuis quelque temps, M. Linguard s'est ennuyé de sa solitude ;

il a recueilli chez lui la veuve et la fille d'un ancien sous-commissaire de marine, deux excellentes dames, qui sans lui eussent mené une vie misérable. C'est une bonne œuvre qu'il a faite là!

— Bagasse! murmura le mari; il a bien ses raisons pour ça!

— Tais-toi, reprit Babet, ce sont encore des méchancetés. Notre voisin est un homme sage, et il n'a jamais eu l'intention de faire payer à la fille son hospitalité. Quant à moi, je ne verrais aucun mal si mademoiselle Elisabeth épousait un de ces matins son bienfaiteur...

— Il ne l'épousera pas! s'écria impétueusement Maurice, qui ne perdait pas un mot de cette conversation. Elisabeth Meursanges est trop belle, trop pure pour devenir la proie d'un vieillard libertin. Non, il ne l'épousera pas, ou je mourrai!

Et il retomba sur sa chaise en sanglotant.

La virago fit un mouvement d'épaule.

— Je l'avais oublié, dit-elle à demi-voix en désignant Maurice, ne faites pas attention... Le pauvre jeune homme est toqué pour la demoiselle Elisabeth. Ils se sont connus à la Ciotat, où ils demeuraient l'un et l'autre; ils eussent bien voulu s'épouser, mais le garçon n'est pas riche, ça n'a qu'une petite place dans une administration. Madame Meursanges, une femme fière et âpre au gain, s'est opposée à ce mariage. Elle a mieux aimé accepter l'offre de M. Linguard, qui lui proposait de les charger, elle et sa fille, du soin de tenir sa maison; ces dames sont maintenant chez lui, et elles sont bien heureuses. Dernièrement le bruit s'est répandu que Linguard avait l'intention d'épouser la demoiselle : alors le jeune monsieur, qu'on appelle Maurice Longpré, est venu s'établir ici. Depuis huit jours il rôde constamment autour de la Bastide-Rouge pour voir Elisabeth ; mais on ne veut pas le recevoir... Il passe ses journées à écrire des lettres qui n'arrivent jamais à leur adresse ; cependant il ne se décourage pas.

— Pauvre garçon ! dit l'étranger d'un air pensif. Voilà comme j'aurais été, moi, il y a bien longtemps... Bah !... Merci de vos renseignements sur maître Linguard et la Bastide-Rouge, continua-t-il en vidant son verre et en se levant. Décidément, l'un et l'autre ne paraissent pas jouir d'une réputation sans tache... Eh bien, j'en jugerai ; je vais mettre le cap sur la Bastide, et, cette nuit même, Linguard et moi nous nous reverrons.

— Vous allez si tard à la Bastide-Rouge ? s'écria l'aubergiste avec un accent singulier.

— Pourquoi non ? Y aurait-il quelque danger ?

— Mon mari, reprit Babet, a voulu dire que vous pourriez vous égarer dans l'obscurité.

— Je connais le chemin.

— Et puis, continua l'aubergiste avec embarras, certainement on refusera de vous recevoir chez Linguard, à pareille heure. La porte est soigneusement fermée dès la chute du jour, et elle ne s'ouvre pour personne.

— Elle s'ouvrira pour moi, dit l'inconnu avec assurance. Allons, bonnes gens, *salam alicum,* c'est-à-dire *god nicht,* ou plutôt *à Diou sias.*

Après ce salut cosmopolite, il se dirigeait résolûment vers

la porte. L'hôte et sa femme le regardaient d'un air ébahi ; enfin Bécasson se précipita au-devant de lui :

— Eh bien, et votre dépense? lui cria-t-il d'une voix tonnante.

Le Nabab se retourna :

— C'est juste, dit-il en riant. Je viens d'un pays où le voyageur fatigué entre dans la première case venue, se fait servir ce qu'il y a de meilleur, et s'en va sans autre formalité ; mais dans notre belle France, aujourd'hui comme autrefois, il n'en est pas de même.

Il fouilla longtemps dans ses poches ; il trouva enfin une microscopique pièce d'argent qu'il jeta sur la table.

— Voilà tout ce qui me reste, dit-il avec insouciance.

— Tout ce qui vous reste ! s'écria Cayou en fureur ; mais c'est encore autant... Mon vin de Lamalgue ! le meilleur de ma cave !

— Vous en avez bu une bonne moitié, répliqua l'inconnu sans perdre son imperturbable sang-froid ; partant nous sommes quittes.

— Mais ne m'avez-vous pas invité, tron dé Diou? Comment, un homme qui a fait quatre fois sa fortune ne pourrait pas payer son écot? Un nabab de l'Inde !

— Allons donc, *my dear*, quand je vous disais que j'avais fait quatre fois ma fortune, il vous était facile de comprendre que je l'avais perdue trois fois au moins... A mon équipage, la quatrième était présumable.

L'hôte et sa femme ne semblaient pas disposés à se payer des raisons que donnait ce singulier personnage avec un ton d'indifférence railleuse. Ce furent des imprécations, des menaces à faire abîmer le cabaret. On ne pouvait s'en prendre au bagage de l'étranger, car son bagage consistait uniquement en un vieux rotin fendu, bon tout au plus à chasser les chiens hargneux. Il écoutait, le sourire sur les lèvres, les injures dont on l'accablait.

On ne pouvait prévoir comment eût fini cette querelle, quand Maurice s'avança timidement entre les deux partis :

— Monsieur, dit-il modestement au voyageur, me permettrez-vous de vous rendre, sans vous connaître, un léger service? Si vous le voulez bien, Cayou portera le surplus de votre dépense à mon compte personnel...

L'hôte et sa femme s'apaisèrent brusquement, non toutefois sans hausser les épaules. L'inconnu examina encore le bon et naïf jeune homme qui venait de le tirer d'embarras; mais il ne répondit rien.

— On conçoit, reprit Maurice en cherchant à excuser sa bonne action, qu'un voyageur, en débarquant trop précipitamment peut-être, ait oublié sa bourse dans ses bagages...

— Je n'ai ni bourse, ni bagages, ni feu, ni lieu, interrompit vivement l'étranger. Je jette l'or quand j'en ai, et j'oublie souvent que je n'en ai pas, comme aujourd'hui, par exemple... Eh bien, j'accepte votre proposition, jeune homme; votre figure me plaît, elle m'a frappé au premier abord. Vous avez une étonnante ressemblance avec... Enfin, j'accepte. Peut-être cette pièce d'argent donnée à un pauvre diable sera-t-elle à tout jamais perdue pour vous; peut-être aussi... Mais je rêve. Merci donc, et bonsoir. Dieu est grand!

En même temps, ce mystérieux personnage ouvrit la porte et sortit en enfonçant son bonnet fourré sur ses yeux.

Maurice parut déconcerté d'abord par ce départ subit; mais, après un moment de réflexion, il annonça brièvement à l'hôte et à sa femme qu'il ne rentrerait peut-être pas de la nuit, et s'élança dehors pour rejoindre l'étranger.

II

La proposition

En quittant l'auberge de la Belle-Maguelonne, le voyageur suivit la route poudreuse qui gravissait en serpentant les hauteurs. Il marchait d'un pas rapide, comme s'il eût été impatient de quitter cette demeure inhospitalière; et, en effet, malgré son indifférence apparente, il avait vivement ressenti l'amertume de sa récente humiliation. Mais bientôt, cédant à de nouvelles pensées, il ralentit sa marche, et, soit pour se rendre compte de la route à suivre, soit pour reconnaître des lieux qui lui étaient familiers autrefois, il s'arrêta tout à fait et resta un moment en contemplation.

Le labech soufflait avec violence, mais les nuages, emportés par ce vent furieux, avaient laissé le ciel pur et resplendissant d'étoiles. La lune se levait large et rouge de sang à l'horizon. A cette clarté lugubre, le voyageur pouvait embrasser d'un regard un espace immense. Au-dessous de lui s'enfonçait le bassin de Marseille avec ses milliers de bastides, ses bouquets sombres de pins d'Italie, ses oliviers au feuillage grêle, aux têtes arrondies, ses roches grisâtres perçant le sol sous la verdure foncée de la sauge et du thym. A l'extrémité de l'enceinte, la ville elle-même se distinguait à ses lumières brillant dans l'obscurité comme des yeux de feu, à ses clochers, à ses tours, à ses mâts élevés qui se dessinaient en noir sur l'azur pâle des cieux. Par delà la ville s'étendait la Méditerranée, superbe, majestueuse. Ses lames, si joyeuses d'ordinaire, poussées maintenant par ce souffle impétueux, bondissaient en écumant vers le rivage, s'engageaient dans les criques étroites en dressant leurs crêtes blanches et menaçantes. Par moments, lorsqu'un coup de vent soulevait en tourbillons épais la poussière du chemin, ce magnifique panorama disparaissait tout à coup; puis, la rafale passée, le vallon sombre, le ciel étoilé, la mer houleuse se montraient de nouveau dans leur grave et imposante splendeur.

Les traits de l'inconnu avaient pris une expression mélancolique; une larme trembla même au coin de son œil. Ce paysage, qu'il revoyait maintenant si noir et si triste à travers un nuage de sable pendant une tempête, lui, voyageur, vagabond, presque mendiant, peut-être l'avait-il admiré autrefois, par une chaude et riante journée, resplendissant de soleil, lorsqu'il était lui-même jeune, riche, plein d'avenir. Les souvenirs semblaient lui revenir en foule; la tête baissée, le corps appuyé sur ce chétif rotin que l'hôte de la Belle-Maguedelone avait dédaigné de lui enlever, il oubliait de continuer son chemin.

Un bruit de pas vint la tirer de sa méditation. Il se retourna avec lenteur et reprit sa marche en suivant la grande route qui montait toujours. En un instant Maurice fut près de lui et le salua avec timidité.

L'étranger ne parut pas reconnaître d'abord la personne qui l'abordait ainsi. Encore absorbé par les souvenirs du passé, il eut besoin d'un effort de volonté pour revenir au sentiment de la réalité présente.

— Ah! c'est vous, jeune homme? dit-il enfin d'un ton dur et sarcastique. Je n'espérais pas vous voir de sitôt... Goddam! vous repentiriez-vous déjà de votre bonne action? Auriez-vous refléchi, par hasard, que mon vieux bonnet fourré ou ma matelote de drap pouvait être préférable à la reconnaissance d'un aventurier?

Cette brusquerie intimida encore davantage le pauvre Maurice.

— Monsieur, balbutia-t-il d'un ton suppliant, épargnez-moi ces injures; je ne les ai pas méritées. J'ai deviné sous votre modeste costume un homme bien né, qui a connu de meilleurs jours; cette découverte m'a décidé à réclamer de vous un service d'un prix inestimable pour moi.

— Un service? répéta le nabab avec ironie; vous m'en avez rendu un bien mince pour demander si vite du retour!... Écoutez, camarade, dans le cours de ma vie j'ai donné des milliers de roupies à des hommes que je connaissais et que j'estimais moins encore que vous ne pouvez me connaître et m'estimer, sans exiger d'eux même un remercîment. Cependant, toute réflexion faite, parlez, expliquez-vous; je suis, ma foi! curieux de savoir en quoi je peux être utile à quelqu'un dans les circonstances actuelles. Seulement la soirée s'avance, je suis déjà en retard, et mon temps est précieux.

— Eh bien! marchons, dit Maurice avec vivacité; nous causerons tout en marchant.

Ils se remirent en route et s'avancèrent côte à côte pendant un moment. Maurice semblait fort embarrassé pour entamer une négociation difficile.

— Monsieur, reprit-il enfin avec émotion, n'avez-vous pas dit là-bas, à l'auberge, que vous alliez à la Bastide-Rouge, chez M. Linguard?

— Je l'ai dit.

— Vous avez fait entendre aussi, si je ne me trompe, que M. Linguard vous était personnellement connu, et que vous pouviez exercer sur lui quelque influence.

— Hem! ce ne serait pas impossible. Si Linguard est ce qu'il doit être, mon influence, sans doute, sera grande dans sa maison... Mais, mon ami, pourquoi ces questions?

— C'est qu'alors, monsieur, dit Maurice avec chaleur, j'implorerais votre protection pour moi et pour une autre personne bien digne de votre intérêt; pour une pauvre jeune fille dont les souffrances deviennent intolérables.

— Eh! eh! je commence à voir d'où vient le vent... Vous voulez parler de cette demoiselle que Linguard a recueillie à la Bastide-Rouge, ainsi que sa mère? En effet, on m'a parlé d'une toute petite amourette entre vous, je crois.

— Une amourette, monsieur? répéta Maurice indigné; dites un amour puissant, irrésistible, qui ne finira qu'avec ma vie.

— Voilà bien les jeunes gens, les jeunes Marseillais surtout! dit le Nabab d'un ton railleur; cependant j'ai passé par là comme les autres; je me souviens encore... mais il ne s'agit pas de moi. Ah çà! mon camarade, cet amour me semble de bien fraîche date pour être si profond et si tenace?

— Oh! il a commencé dès notre plus tendre enfance! J'aimais Elisabeth Meursanges bien longtemps avant de le savoir moi-même. Sa famille et la mienne habitaient la même ville, la Ciotat; nos demeures étaient voisines. Son père était employé dans l'administration de la marine, le mien était bas officier dans les douanes; leurs devoirs les rapprochaient souvent; d'aussi loin que je puis me rappeler, je vois la figure gracieuse et souriante d'Elisabeth. J'étais malheureux chez mes parents; malgré mes efforts pour lui plaire, j'inspirais à ma mère un invincible éloignement; souvent, en me regardant, elle pleurait, puis elle me repoussait avec horreur. Mon père avait pour moi une aversion brutale; il me maltraitait fréquemment sous le plus frivole prétexte. Il se montrait doux, plein de tendresse pour ses deux autres enfants, et moi, leur aîné, je ne recevais de lui que des rebuffades et des coups. C'était d'ordinaire chez Élisabeth que je me réfugiais à la suite de ces scènes humiliantes. Élisabeth me plaignait, m'encourageait et finissait toujours par me consoler. Plus d'une fois, enfant elle-même, elle prit ma défense contre mon père qui me maltraitait en sa présence; elle le suppliait, à mains jointes, de m'épargner, elle se jetait au-devant du coup qui m'était destiné. Un jour elle tomba sanglante à mes pieds en voulant me sauver de la fureur de M. Longpré... Pauvre petite! je la vois encore pâle et inanimée, avec ses longs cheveux noirs!... Mais aussi, quand ces légers orages s'étaient apaisés, que d'heureux moments je passais avec ma jeune compagne, dans la douce liberté de l'enfance! Souvent, nous tenant par la main, nous allions sur le bord de la mer ramasser des coquillages; nous nous avancions sur le sable tiède jusqu'à ce que la crête argentée des plus hautes lames vînt caresser nos pieds nus; d'autres fois nous courions à la poursuite des papillons dans les prairies, ou bien... Mais je vous fatigue sans doute, interrompit Maurice avec inquiétude; que vous importent ces détails puérils?

Le voyageur saisit la main du jeune homme et la secoua vigoureusement.

— Continuez, continuez, dit-il d'une voix altérée. En vous écoutant je me sens rajeunir; mon cœur bat comme l'aile d'une mouette... Continuez, *cospetto !* Il est bien permis à un âne de prêter l'oreille au chant du rossignol, quoiqu'il ne puisse l'imiter.

Maurice ne remarqua pas ces paroles, où l'émotion se cachait sous une forme grossière. Il reprit d'un ton mélancolique :

— En grandissant, je dus renoncer à voir aussi fréquemment Élisabeth. Le malheur m'avait donné de la précocité. C'était seulement par l'application et le travail, je le sentais bien, que je pouvais être digne d'elle. Je fis presque seul mon éducation, et, en atteignant l'âge de raison, je quittai la maison paternelle pour entrer chez un homme de loi. L'apprentissage fut rude; cependant je m'élevai peu à peu à la modeste position administrative que j'occupe encore aujourd'hui. Bientôt ma mère mourut; je la pleurai sincèrement.

Elle n'avait jamais pu prendre sur elle de me témoigner une affection bien vive, mais elle avait toujours été douce et indulgente avec moi. Cet événement rompit le dernier lien qui m'attachait à mon père. Après la mort de ma mère M. Longpré ne mit plus de bornes à sa haine inexplicable, et il refusa de me voir. Je restai donc comme abandonné dans ma ville natale, repoussé par ma famille et sans amis.

» Une seule maison m'était ouverte, c'était celle de M. Meursanges. Le plaisir de voir de temps Elisabeth me consolait de tous mes chagrins. La timide et naïve enfant était devenue jeune fille, et sa beauté commençait déjà à faire du bruit dans son entourage. Vous la verrez bientôt, monsieur, et vous jugerez si elle était digne de l'admiration qu'elle inspirait. Pour moi, je l'aimais à l'adoration, à la folie. Elisabeth ne me cachait pas qu'elle me payait de retour. Mon cœur était plein d'espérance. M. Meursanges voyait sans colère cette affection mutuelle. Seule, madame Meursanges semblait désapprouver mes visites. Fière de sa fille, elle avait conçu des idées ambitieuses pour Elisabeth; aussi ne me cachait-elle pas en toutes occasions l'éloignement que je lui inspirais.

» M. Meursanges mourut, il y a un an environ ; ses modestes appointements ne lui avaient permis de faire aucune économie. Il laissait sa veuve et sa fille dans un état voisin de l'indigence. Je me présentai alors, avec toute la réserve exigée par les circonstances, pour servir d'appui aux deux pauvres femmes. Mes prétentions ne furent pas repoussées aussi aigrement que je l'attendais de la part de madame Meursanges. Son caractère altier et opiniâtre semblait avoir été brisé par le malheur; ses idées ambitieuses avaient fléchi devant les impérieuses nécessités du moment. Elisabeth et moi nous n'entrevîmes plus d'obstacles bien sérieux à notre union.

» Les choses en étaient à ce point, lorsque des affaires appelèrent M. Linguard à la Ciotat. Il avait connu M. Meursanges; il devait naturellement une visite à sa veuve. La beauté d'Elisabeth le frappa; le triste sort de ces dames parut le toucher. Je ne sais comment il s'y prit, mais il parvint à les convaincre de sa profonde sympathie pour elles, et il finit par leur proposer d'accepter un asile dans sa maison, en attendant de meilleurs jours. Il passait pour immensément riche; Peut-être l'ambition un moment assoupie de madame Meursanges se réveilla-t-elle au contact de je ne sais quelles espérances. Sans s'arrêter à certains bruits fâcheux répandus sur Linguard, elle accepta ses offres pour elle et pour sa fille. L'âge du protecteur semblait devoir imposer silence à la calomnie, et bientôt il fut convenu que les deux dames iraient s'établir à la Bastide-Rouge.

» Vous pouvez aisément vous imaginer mon désespoir en apprenant cette nouvelle. Je n'avais fait qu'entrevoir M. Linguard; mais la détestable réputation de cet homme et sa mine hypocrite me l'avaient dès l'abord rendu odieux. Je cherchai vainement à ouvrir les yeux à madame Meursanges; elle s'emporta, traita de mensonges les rapports que j'avais recueillis sur son nouvel ami; elle alla même jusqu'à m'accuser de les avoir inventés par jalousie et par haine contre lui. Convaincu que je n'obtiendrais rien ne madame Meursanges, dont l'esprit, il faut bien l'avouer, est étroit et borné, je m'adressai à Elisabeth; je lui parlai avec chaleur, elle m'écouta, pleura avec moi, mais elle ne pouvait résister aux volontés de sa mère. D'ailleurs nous étions bien jeunes, ma carrière n'était pas faite encore. Où trouver un asile convenable pour elle, en attendant que je fusse en état de lui offrir une position honorable et sûre? Cependant elle m'assurait que nos projets tiendraient toujours, qu'ils seraient seulement ajournés. Dès que j'aurais obtenu un certain avancement auquel j'avais droit, et que madame Meursanges avait mis pour condition à notre mariage, je devais aller réclamer ma fiancée. Enfin Elisabeth me promettait de me conserver son affection ; je lui fis jurer solennellement qu'elle n'épouserait jamais un autre que moi ; et, à demi rassuré par toutes ces précautions, je la laissai partir avec sa mère.

» Trois mois se sont écoulés depuis cette époque ; je songeais uniquement à obtenir par mon travail et mon application l'avancement dont on fait la condition de notre réunion, lorsque j'ai reçu, il y a peu de jours, une lettre d'Elisabeth, qui m'a rempli de tristesse et d'effroi. Mademoiselle Meursanges m'annonce qu'elle est en proie à des persécutions de la nature la plus odieuse. Sa mère elle-même a pris parti contre elle. On veut lui faire épouser son soi-disant protecteur, et sa résistance l'expose aux plus indignes traitements. Elle est comme prisonnière à la Bastide-Rouge. Sa lettre, écrite en cachette, ne m'est parvenue qu'au moyen d'une ruse ; on surveille Elisabeth avec une vigilance extrême. La pauvre enfant me supplie de venir à son secours ; mais elle me recommande la plus grande prudence, « car, dit-elle, je » ne sais pas de quoi sont capables ceux qui me tiennent en » leur pouvoir. » Elle termine en m'assurant qu'elle mourra avant de trahir ses engagements envers moi.

» Aussitôt après avoir reçu cette lettre, j'ai demandé et obtenu un congé ; je suis accouru ici, et je me suis établi à l'auberge de *la Belle Maguelone*. Si j'avais été plus rapproché de la Bastide-Rouge, j'aurais craint de donner l'éveil au soupçonneux Linguard. Depuis trois jours, je rôde sans cesse autour de la maison. Vainement j'ai cherché à me mettre en rapport avec ma chère Elisabeth. Du haut d'un rocher qui domine la Bastide, je l'ai aperçue plusieurs fois se promenant dans le jardin ; mais elle était toujours accompagnée soit de sa mère qui me hait, soit de ce vieillard odieux qui l'obsède ; elle m'a paru bien triste, bien malheureuse... Sa vue a augmenté encore mon désir de soustraire ma fiancée à cette gêne insuportable. Mais, comme je vous l'ai dit, je n'ai aucun moyen de communication avec elle, et c'est pour en trouver que j'ai pris la liberté de m'adresser à vous. »

Maurice Longpré se tut, attendant avec anxiété la réponse de l'étranger. Celui-ci fit quelques pas dans l'obscurité sans rien dire.

— Parbleu ! reprit-il enfin de sa voix railleuse, vous me contez là une belle histoire ! *Allah kérim !* La France a diablement changé en mon absence, si les jeunes filles peuvent encore être retenues prisonnières par un vieux tuteur, qu'il s'appelle Linguard ou Bartholo. Voyons, mon garçon, si les choses en étaient arrivées là, cette demoiselle captive ne pourrait-elle pas aisément s'adresser à l'autorité ? *Veramente !* il m'a semblé cependant, en débarquant à Marseille, que les fonctionnaires et les gendarmes ne manquaient pas ici pour protéger les citoyens et citoyennes.

— Vous ne m'avez pas compris, monsieur ; la contrainte où

vit Elisabeth est surtout une contrainte morale. Que peut faire une pauvre jeune fille dans l'horrible position où elle se trouve? S'enfuir avec sa mère? Madame Meursanges ne consentirait jamais à prendre ce parti; or, Elisabeth m'aime, je le crois, mais s'il lui fallait quitter sa mère...

— Alors pourquoi vous a-t-elle appelé? pourquoi vous a-t-elle obligé à quitter vos occupations pour venir ici, où votre présence ne peut lui être utile? Les amoureux ont d'étranges idées! A votre place, jeune homme, savez-vous ce que je ferais? J'irais trouver Linguard, je lui demanderais une explication franche et précise, en présence de ces dames...

— Je ne l'obtiendrais pas, et Linguard, prenant l'alarme à ma vue, redoublerait de rigueur envers cette malheureuse enfant. Monsieur, s'il faut vous avouer la vérité, quelques mots de la lettre d'Elisabeth me font craindre que l'on n'ait l'intention d'exercer sur elle d'indignes violences...

— Allons donc! sa mère n'est-elle pas là?

— Je vous ai déjà dit que madame Meursanges avait un esprit borné, opiniâtre dans ses aveugles préventions... et ce Linguard est si adroit, si corrompu!

— Hem! jeune homme, vous avez, je crois, une trop mauvaise opinion de ce pauvre Linguard!

— Elle ne saurait jamais être aussi sévère que celle des gens du voisinage, répliqua Maurice en baissant la voix. Là-bas à l'auberge, on n'a pas osé vous dire la vérité, tant Linguard inspire de terreur, et ma présence ici ne serait bientôt plus un secret pour lui, si les avares aubergistes ne trouvaient leur intérêt à mon séjour dans leur maison... tout le monde tremble au nom de Linguard.

— Diable! et sur quoi est basée cette belle réputation?

— Sur des bruits vagues, je l'avoue, mais qui ont certainement leur origine dans une réalité. D'abord on ne s'est jamais expliqué comment il s'était trouvé tout à coup propriétaire des biens de la famille Fleuriaux; on a été jusqu'à l'accuser d'avoir dépouillé, par force ou par ruse, le dernier membre de cette famille, Auguste Fleuriaux, qui a disparu depuis longtemps. Plus tard, il a augmenté sa fortune au moyen de la contrebande et de l'usure. Il est certain que le voisinage est rempli de pauvres cultivateurs, dont la ruine est son ouvrage; et, quant à la contrebande, sa maison de la Bastide-Rouge sert, dit-on, d'entrepôt à des fraudeurs corses, ses associés; on a vu souvent des hommes à figures sinistres rôder alentour; on a rencontré des chevaux, chargés de ballots, se dirigeant vers l'intérieur des terres; moi-même je ne répondrais pas que la nuit dernière je n'aie aperçu près de sa demeure quelque chose de nature à confirmer ces soupçons. Enfin, Linguard, malgré son âge, passe pour un homme profondément immoral; et, toujours au rapport des gens du pays, il a dû plusieurs fois étouffer, à force d'argent, certaines affaires scandaleuses de l'espèce la plus grave. Monsieur, je ne vous répète ici que la plus faible partie des bruits auxquels Linguard a donné lieu; et, même en faisant la plus large part à la calomnie, jugez de la douleur que je dois éprouver de savoir ma belle et pure Elisabeth au pouvoir d'un pareil homme!

Ces révélations parurent produire une vive impression sur le voyageur.

— Comme le temps change les hommes! murmura-t-il

d'une voix entrecoupée ; lui que j'ai vu si pauvre, si humble, si rampant ! Il fait peur, il fait trembler maintenant !... la lutte sera rude... N'importe ! nous lutterons !

Et il sourit d'un air de défi.

Pendant cette conversation, les voyageurs avaient gravi les premiers gradins de cette enceinte de hauteurs qui domine Marseille. Le vent soufflait toujours, mais les astres de la nuit jetaient une lumière pure sur la campagne. Maurice et son compagnon étaient arrivés à un endroit où un chemin latéral venait s'embrancher à la grande route ; ce chemin semblait se diriger vers la mer, à travers une vallée étroite, boisée, resserrée entre deux chaînes de rochers. L'inconnu s'arrêta brusquement au point d'intersection des routes.

— Nous devons nous séparer ici, dit-il d'un ton sec ; nous ne sommes pas loin de la Bastide-Rouge, et je n'aime pas qu'on épie mes actions... Eh bien ! jeune homme, en deux mots, qu'attendez-vous de moi ? Je vous l'avouerai, j'ai bien assez de mes propres affaires ; cependant, si vous ne demandez rien de déraisonnable...

— Oh ! je demande bien peu de chose, dit Maurice le cœur palpitant de joie et d'espérance ; consentez seulement à remettre en secret ceci à Elisabeth.

Et il lui présenta la lettre qu'il avait préparée à l'auberge.

— Mais à quoi cela servirait-il ? reprit le Nabab.

— A instruire mademoiselle Meursanges de mon arrivée ici, et à la prier de s'entendre avec moi pour entretenir une correspondance active...

— Et, en définitive, à tenter quelque démarche imprudente, qui gâterait encore vos affaires. Cette lettre est inutile,

2.

jeune homme; vous ne pouvez rien pour votre amie, tant que les circonstances n'auront pas changé; songez plutôt à prendre patience. Ecoutez : mon arrivée à la Bastide-Rouge va singulièrement occuper Linguard, et probablement il ne songera pas de sitôt aux amourettes. Votre Elisabeth aura donc quelques jours de répit; fiez-vous-en à moi pour le reste. Vous m'avez raconté vos chagrins, vous m'avez ému plus que je ne me croyais susceptible de l'être pour les malheurs des autres ou pour les miens. Laissez-moi maintenant vous servir à ma manière. Je ne vous le cache pas, je suis dans un moment de crise. Peut-être demain serai-je au sommet de la roue de fortune, peut-être serai-je aussi misérable qu'aujourd'hui, moins l'espérance... Vous courrez ma fortune; heureux, je vous protégerai, malheureux, vous ne me reverrez plus, et vous pourrez prendre le parti qui vous conviendra. En attendant, ne me demandez aucun engagement que je serais peut-être embarrassé de tenir; j'ai besoin de ma liberté d'action. Adieu donc! je souhaite et pour vous et pour moi que nous nous revoyions bientôt.

En même temps, ce personnage mystérieux fit un mouvement pour prendre le chemin de la vallée.

— Au moins, s'écria Maurice d'un ton suppliant, promettez-moi de dire à Elisabeth...

Un juron en langue étrangère fut la seule réponse qu'il obtint; le voyageur disparut, et le bruit de ses pas s'éteignit dan l'éloignement.

Maurice était resté à la même place, inquiet et agité.

— Que dois-je faire? se dit-il à lui-même; faut-il attendre l'effet des promesses douteuses d'un inconnu? Faut-il, sur la foi de semblables paroles, abandonner Elisabeth à son malheur? Quel est cet homme? Que veut-il? Malgré ses manières brusques, il y avait en lui je ne sais quoi qui m'attirait. Mais n'ai-je pas eu tort de lui ouvrir mon cœur? Si c'était un ami de Linguard? S'il allait me trahir?

Il s'assit sur le gazon au bord du chemin, et réfléchit longuement.

— Non, reprit-il enfin, tout me le prouve, l'intérêt qu'il m'a témoigné était sincère. Cependant je m'applaudis de ne pas lui avoir révélé mon projet, comme j'en ai eu un moment la pensée. Eh bien! pourquoi ce projet ne s'accomplirait-il pas cette nuit même? L'arrivée de ce voyageur occupera Linguard et ses gens; je pourrai peut-être parvenir jusqu'à Elisabeth... Oui, oui, partons... Je ne trouverai pas toujours une occasion si favorable.

Il se leva aussitôt et courut vers la Bastide-Rouge, mais dans une direction oblique et à travers champs, comme s'il eût craint de rencontrer de nouveau le voyageur inconnu.

III

Une soirée à la Bastide.

La Bastide-Rouge s'élevait à l'extrémité de cette vallée boisée et profonde dont nous avons parlé. C'était un grand et vieux bâtiment de forme oblongue, avec deux corps de logis, datant d'époques différentes, mais également délabrés ; il était entièrement construit en briques, d'où venait son nom. Somme toute, c'était une habitation triste, maussade, et dont l'aspect avait, la nuit surtout, un caractère sinistre. Elle faisait face à un chemin raboteux, dont une cour mal tenue et une grille de fer la séparaient. Par derrière s'étendait un jardin entouré de hautes murailles et dominé par des rochers à pic.

Les principaux habitants de la Bastide-Rouge étaient réunis dans une vaste salle du rez-de-chaussée, donnant sur le jardin. Cette salle n'avait que peu de meubles, et encore étaient-ils vieux et vermoulus; quelques portraits enfumés, suspendus aux murailles, grimaçaient dans leurs cadres de bois noir; pour tout ornement, six tasses de porcelaine, surmontées d'autant d'oranges, s'alignaient sur la cheminée de pierre. Une lampe de cuivre, garnie de son abat-jour, répandait une lumière terne autour d'elle, et laissait le reste de la pièce dans une obscurité à peu près complète; le vent du dehors, se glissant à travers les châssis mal joints des fenêtres, faisait par moments vaciller la flamme et menaçait de l'éteindre.

A l'extrémité d'une grande table, sur laquelle était posée la lampe, se tenait M. Linguard, le propriétaire de la Bastide-Rouge, compulsant avec soin de volumineux registres; à l'autre bout, madame Meursanges et sa fille travaillaient à des ouvrages de femme. Elles causaient entre elles à voix basse, ou plutôt madame Meursanges parlait avec volubilité, tandis qu'Élisabeth, les yeux baissés, répondait seulement par monosyllabes; mais ce chuchotement monotone était trop faible pour troubler le maître du logis dans son travail, et le plus souvent il était couvert par le mugissement du labech autour de la maison.

M. Linguard, malgré l'aversion qu'il inspirait généralement, n'avait pas, au premier abord, un aspect dur et repoussant. C'était un homme d'une soixantaine d'années, assez replet, aux manières lentes et compassées; son visage, en partie caché par des lunettes d'argent sans branches, et sillonné de rides profondes, était vulgaire, mais non ignoble. On se souvient que, pendant la première partie de sa vie, Linguard avait été commis dans une maison de commerce;

il conservait encore, au temps dont nous parlons, l'extérieur de son ancienne profession. Son habit de gros drap était soigneusement brossé ; des fausses manches, attachées au-dessus du coude, garantissaient cette partie de son vêtement contre le frottement ordinaire ; une perruque blonde, bien bouclée, ornait sa tête chauve. A une distance calculée de sa main, était posée sur la table une tabatière de corne, dans laquelle il puisait à intervalles égaux. Bref, à son extérieur et à ses allures, on l'eût pris volontiers pour un bourgeois rogue, maniaque, jaloux de son bien-être et profondément égoïste, quoique honnête au fond, mais non pour un usurier, un contrebandier, un débauché, suivant les bruits du voisinage.

Cependant un second examen lui eût été moins favorable ; ces formes bureaucratiques, par leur affectation même, inspiraient la méfiance ; son sourire était doucereux, hypocrite ; ses yeux qui, de temps en temps, se tournaient furtivement vers les dames, avaient un éclat diabolique. Ses mouvements étaient brusques, saccadés quand il ne s'observait pas ; sa continuelle vigilance sur lui-même pouvait seule mettre un frein à une impétuosité naturelle. Toute sa personne avait un caractère de fausseté et d'apprêt qui n'eût pas prévenu en sa faveur un observateur attentif.

Les deux dames, ses commensales, méritent aussi une mention particulière. La mère, madame Meursanges, était une espèce de commère aux manières prétentieuses et guindées. Son front déprimé, son visage roide, ses lèvres pincées, son ton tranchant annonçaient une intelligence étroite, la haine de la contradiction et l'opiniâtreté. Elle était mise avec une recherche ridicule ; un grand châle se drapait sur ses maigres épaules; une montre d'or, dernier débris d'une opulence passée, ne quittait jamais sa ceinture. Son bonnet, garni de rubans de couleurs vives, avait des dimensions exagérées. Une fille douce, bonne, affectionnée, pouvait seule rechercher une semblable créature et se plaire auprès d'elle.

Élisabeth Meursanges, au contraire, était pleine de grâce, de simplicité et de candeur ; il était impossible de trouver une physionomie à la fois plus noble et plus piquante. Ses yeux noirs, aux sourcils bien arqués, ses joues fraîches, quoique un peu pâlies, sa bouche mignonne et mutine formaient un ensemble ravissant. Malgré sa tristesse, son costume, moitié campagnard, moitié citadin, rappelait celui des sémillantes grisettes d'Arles. Elle avait une de ces robes courtes qu'on appelle *drolets* dans le pays, et qui font si bien ressortir les admirables proportions des jeunes Provençales. Ses bras nus et arrondis se dessinaient en blanc mat sur son petit tablier de soie noire. Ses cheveux, partagés sur le front, lissés en bandeaux, donnaient à sa physionomie un caractère virginal.

Elle écoutait sa mère avec une résignation apparente; mais, de temps en temps, elle passait furtivement sa main sur ses yeux pour essuyer les larmes qui tremblaient, comme des gouttes de rosée, à ses longs cils noirs.

Enfin, Linguard ferma ses registres, déposa ses lunettes sur la table, et, se renversant dans son fauteuil de cuir, contempla longtemps la jeune fille en silence; puis, insinuant avec méthode ses deux doigts dans sa tabatière, il dit d'un ton mielleux :

— Eh bien, ma chère dame Meursanges, vous voici encore

occupée du soin de former le cœur et l'esprit de votre fille?...
C'est d'une bonne mère, et notre Élisabeth doit être bien reconnaissante des excellents conseils que vous inspire votre tendresse pour elle. J'espère qu'elle est raisonnable et qu'elle se montre suffisamment docile à vos instructions?

Aucun acteur ne saurait imiter l'accent insinuant, le sourire plein de douceur, le geste patriarcal de Linguard en prononçant ces paroles; un bon père de famille n'eût pas mieux dit à une fille chérie. Seulement, de ses paupières à demi baissées jaillissaient des étincelles de feu semblables à celles qui s'échappent d'une bouteille de Leyde au contact de l'excitateur.

— Oui, oui, certainement, répliqua avec volubilité madame Meursanges. Savez-vous, *ami* (c'était le titre que Linguard exigeait de la mère et de la fille quand elles lui parlaient), savez-vous qu'Élisabeth aura bientôt dix-neuf ans? C'est l'âge, ou jamais, de devenir raisonnable. Elle n'est plus une enfant, elle peut apprécier les positions et les caractères, comprendre les bienfaits, reconnaître les affections véritables...

— Elle est si jeune! reprit le vieillard du même ton indulgent et paterne: il faut pardonner beaucoup à la frivolité de la jeunesse! N'est-ce pas, mon enfant, continua-t-il en s'adressant à mademoiselle Meursanges, que vous vous montrerez toujours digne, par votre obéissance et votre douceur, des soins que l'on prend de vous?

— Je l'espère, monsieur, répliqua Élisabeth d'une voix étouffée, sans savoir ce qu'elle disait.

— Charmante enfant! s'écria Linguard avec vivacité.

3

Puis, se reprenant aussitôt, il ajouta de sa voix mielleuse :

— Mais pourquoi ne m'appelez-vous pas votre ami, ma fille? Pourquoi, malgré mes instances, ce titre de *monsieur*, si banal et si froid? Allons, venez m'embrasser, petite mauvaise; venez faire la paix, bien vite...

Il appuya sa tête sur le dossier de son fauteuil, et il attendit, les mains jointes, les yeux à demi clos. Élisabeth restait immobile; sa mère la poussa rudement par-dessous la table.

— Elle y va, ami, elle y va... Il est tard, et la pauvre petite commence, je crois, à s'endormir. Allons, Élisabeth, va dire bonsoir à notre cher protecteur!

La jeune fille se leva précipitamment pour obéir. Au moment où elle penchait son frais et gracieux visage sur cette face jaune et ridée, elle fut effrayée de l'éclat de ces yeux étincelants. Elle frissonna; mais, après une seconde d'hésitation, elle appuya légèrement ses lèvres sur le front du vieillard et voulut s'éloigner. Une main ferme la retint.

— Adorable créature! s'écria Linguard avec chaleur, que ne ferait-on pas pour être aimé d'elle!

Élisabeth, dans l'impossibilité de s'échapper, détourna la tête; mais elle ne put cacher une grosse larme qui tomba sur sa guimpe blanche.

— Ah! ah! encore des pleurs! fit le vieillard avec impatience.

Mais aussitôt, emprisonnant les deux mains d'Élisabeth dans les siennes, il l'attira vers lui d'un air de bonté.

— Voyons, mon enfant, dit-il avec onction, seriez-vous vraiment malheureuse dans cette maison, auprès de votre mère, auprès de moi? Que vous manque-t-il? Êtes-vous lasse de la solitude où nous vivons? J'appellerai ici une joyeuse et agréable compagnie ; je suis riche : nos plus fiers voisins s'empresseront d'accourir à la première invitation. Pour vous, je vaincrai mes goûts, je changerai mes habitudes. Voulez-vous de belles robes, des ajustements nouveaux?... parlez, parlez... Au moins exprimez-moi un vœu, un désir, un caprice, et vous verrez combien je serai prompt à vous satisfaire !

— Je ne désire rien, monsieur, murmura Élisabeth en sanglotant.

— Si l'on peut répondre ainsi à des offres si nobles, si généreuses ! s'écria madame Meursanges exaspérée. Sotte créature ! se montrer ingrate à ce point envers un bienfaiteur, un ange, un Dieu sur la terre...

— Paix ! paix ! ma bonne amie, interrompit Linguard avec une modération affectée ; ne parlons pas de cela : ni elle ni vous ne me devez rien... La satisfaction de ma conscience est la seule récompense que je cherche en faisant le bien.

La pauvre jeune fille était enfin parvenue à se dégager ; elle dit, en s'efforçant de retenir ses pleurs :

— Monsieur, et vous, ma mère, ne m'accusez pas d'ingratitude. Je vous ai déjà exprimé ma pensée : je serai pleine de reconnaissance pour un bienfaiteur, pour un ami ; mais je ne puis, je ne dois rien accepter à un autre titre...

— Et pourquoi non, mon enfant ? reprit Linguard avec un air de componction et levant les yeux au ciel. Dieu m'est témoin de la pureté de mes intentions ; en sollicitant un autre titre que celui d'ami auprès de vous, j'avais seulement en vue votre bonheur et votre repos. Je suis vieux : les soucis et les fatigues de l'existence m'ont épuisé. Je voudrais, avant de mourir, vous assurer, ainsi qu'à votre mère, une fortune acquise au prix de bien des sueurs. Ce projet eût coupé court à toute interprétation malveillante du dehors. En mourant, j'aurais eu la consolation de penser que votre sort à l'une et à l'autre serait calme et prospère.

Il se moucha bruyamment et cacha son visage dans l'ombre pour faire croire qu'il pleurait. Madame Meursanges pensa devenir folle de colère à la vue de ces démonstrations hypocrites. Elle se leva brusquement.

— Y a-t-il sur terre un pareil ange de bonté ! s'écria-t-elle ; ses paroles sont comme des perles qui tombent de sa bouche... Monsieur Linguard, quand vous mourrez, votre place est au ciel, soyez-en sûr ; car vous êtes un saint ! Eh bien ! sotte péronnelle, continua-t-elle en portant le poing au visage de sa fille, tu resteras donc seule insensible à tant de vertus ? Tu n'as donc pas de cœur ? Tu n'es donc pas ma fille ? Tu fais mon malheur et le tien !

— Ma mère, répliqua la pauvre Élisabeth avec égarement, je voudrais vous obéir ; mais, vous le savez bien, des engagements sacrés, contractés depuis mon enfance...

— Oui, envers un méchant petit barbouilleur de papier, qui n'a rien pour lui.

— Ma mère, je l'aime.

Et la malheureuse enfant se mit de nouveau à fondre en larmes.

— Ce mariage ne se fera jamais tant que j'existerai ! s'écria madame Meursanges au comble de la colère ; je préférerais te voir morte, je préférerais te tordre le cou de mes propres mains...

— Allons, calmez-vous, ma chère dame, dit Linguard en massant lentement une prise de tabac, votre fille n'a pas encore vingt et un ans ; d'ici à sa majorité, rien ne peut la soustraire à votre autorité maternelle... Je sais bien, ajouta-t-il en pesant ces mots et en jetant sur Élisabeth des regards obliques, que mademoiselle Meursanges, trompant notre surveillance à tous deux, a fait remettre à la poste voisine, par un petit garçon, neveu de Christophe, une lettre à l'adresse d'un certain M. Maurice Longpré. Je sais bien aussi que ce M. Maurice, aussitôt après la réception de cette lettre, est venu s'établir là-bas chez Bécasson, et que, depuis plusieurs jours, on l'a vu rôder autour de la Bastide ; mais...

— Il est ici ! s'écria la jeune fille avec transport ; oh ! mon Dieu, merci... il ne m'a pas oubliée !

Linguard se mordit les lèvres en s'apercevant de l'imprudence qu'il venait de commettre.

— Ne remerciez pas Dieu de cela ! dit-il avec un sourire méchant ; votre amoureux pourra trouver plus de difficultés qu'il ne pense à duper une mère et un tuteur. On attrape des coups de bâton et des balles dans la tête au jeu qu'il joue maintenant ; madame Meursanges ne se laissera pas prendre aux ruses d'une petite fille, j'espère ?

— Moi ! j'aimerais mieux l'enfermer dans un cachot sans air et sans lumière, que de la laisser échanger une seule parole avec ce jeune intrigant ! Je vous promets, ami, que ma surveillance ne s'endormira pas.

— Et moi, je veillerai de mon côté, reprit le vieillard d'un ton de menace; et Christophe, avec son fusil, veillera aussi... Allons! les moyens de douceur ont échoué contre l'obstination d'Élisabeth; nous en essayerons d'autres.

— Je vous aiderai! je vous aiderai! répéta madame Meursanges avec empressement; quant à ce Maurice, je le hais plus que vous.

Élisabeth se couvrit les yeux avec son mouchoir :

— Pauvre que je suis! murmura-t-elle en se servant d'une locution naïve en usage dans le midi de la France, qui me protégera?

En ce moment le son grave et lugubre d'une cloche fêlée retentit dans la cour, au milieu d'une bouffée de vent. Linguard fit un mouvement de surprise.

— Qui peut venir à pareille heure? dit-il avec quelque inquiétude. On n'entre pas chez moi après le coucher du soleil, tout le monde dans le voisinage connaît les habitudes de la maison. A moins que ce ne soit...

Il n'acheva pas sa pensée, et une sueur froide inonda son visage. Un nouveau coup de cloche retentit, plus bruyant et plus prolongé que le premier.

— Oui, oui, c'est cela, reprit-il avec agitation, des visiteurs d'une certaine espèce peuvent seuls s'annoncer ainsi... Ma chère amie, continua-t-il en s'adressant à madame Meursanges stupéfaite, retenez-les un moment pendant que je vais mettre mes livres en lieu de sûreté; dites que je reviens à l'instant.

Il empilait sous son bras les énormes registres dont la table était couverte, et il se préparait à sortir avec son fardeau, lorsque la porte s'ouvrit; Christophe, l'unique serviteur de la maison, car on ne comptait pas une pauvre femme du voisinage qui venait dans la journée vaquer aux soins du ménage et se retirait le soir, parut sur le seuil. C'était un lourd paysan, presque idiot, long et mince comme un échalas, aux cheveux rares et hérissés comme les soies d'un sanglier, au visage de brute ; son costume de *cadis* ses guêtres de cuir, ses souliers ferrés annonçaient plutôt un valet de ferme qu'un valet de chambre.

— Eh bien! Christophe, demanda Linguard précipitamment en provençal, qui est là?

— Un monsieur qui veut entrer, répliqua le domestique d'un ton niais.

— A-t-il l'air d'un douanier ou d'un...

— Il n'a l'air de rien du tout. J'ai voulu le chasser, il m'a répondu que vous le connaissiez bien et de vous dire son nom.

— Comment s'appelle-t-il?

— Je ne sais s'il a voulu se gausser de moi... Il a dit qu'il s'appelait M. Tête-à-l'Envers.

Ce nom burlesque parut produire sur Linguard le même effet que le nom magique d'*il Bondocani* sur les fonctionnaires de Bagdad. Il pâlit et laissa tomber les pesants registres qu'il avait sous le bras; puis il s'élança sur le domestique et le saisit au collet en s'écriant d'une voix haletante :

— Coquin, brute ignoble, mes ennemis t'ont payé pour prononcer ce nom en ma présence! Je ne sais ce qui me retient de te casser ta grosse caboche stupide!... Celui dont tu parles est mort, entends-tu? Il est mort depuis quinze ans, depuis vingt ans, et il ne reviendra plus, il ne reviendra jamais !

Le vieillard, furieux, avait en ce moment une vigueur surhumaine; Christophe eut peine à se dégager de ses mains.

— Il est mort! répliqua-t-il d'un air hébété, et cependant il parle!

Ici nouveau coup de cloche, bruyant témoignage de l'impatience du visiteur.

— Je vas aller lui verser un pot d'eau bénite sur la tête, dit Christophe sans s'émouvoir; on dit que ça chasse les *âmes en peine*.

Linguard le retint par le bras :

— Attends, attends, mon Dieu! reprit-il avec égarement; si cependant c'était lui!... Cette nouvelle de sa mort n'a jamais été certaine; on peut s'échapper d'un naufrage... Oui, oui, ce doit être lui... Je suis perdu!

Il se laissa tomber sur un siége, presque évanoui.

— C'est lui, ce n'est pas lui! grommela Christophe; voyons, faut-il aller lui ouvrir à ce mort, ou le renvoyer d'où il vient?

— Ouvre-lui, ouvre-lui, s'écria le vieillard d'une voix entrecoupée, il a le droit d'entrer ici; ce retard ne ferait que l'irriter! oui, qu'il entre... sainte Vierge! comment parer ce nouveau coup?

Et, pendant que le domestique s'éloignait en hochant la tête, il resta absorbé dans ses réflexions. Il avait complétement oublié les dames Meursanges; la mère et la fille, surprises et effrayées de cette scène inattendue, s'étaient retirées dans un coin obscur de la salle, sans prononcer une parole.

Au moment où le cliquetis de la grille et un bruit de pas annoncèrent l'approche de l'étranger, Linguard se redressa brusquement.

— Allons, dit-il comme à lui-même, il y a peut-être encore de l'espoir. Courage! courage!... Je résisterai jusqu'à la mort.

Une voix haute et joyeuse se fit entendre dans le corridor voisin :

— Laisse, laisse, j'ai habité la maison avant toi! s'écriait-on en provençal! La plus vieille hirondelle reconnaît toujours son nid!

— Plus de doute... c'est lui! murmura Linguard.

Au même instant parut l'étranger que nous avons vu déjà à l'auberge de *la Belle Maguelonne.*

IV

Tête-à-l'Envers.

Le personnage qui s'était donné à lui-même le nom assez étrange de Tête-à-l'Envers s'arrêta sur le seuil de la porte; avant d'entrer, il jeta dans la salle un regard lent et solennel.

— Comme tout ici est changé, dit-il d'un ton où, malgré sa légèreté ordinaire, perçait une émotion profonde ; comme tout est vieux, noir et triste !... L'ancien salon d'apparat, la pièce qu'on n'ouvrait qu'aux grands jours!

Cependant Linguard avait repris un peu de présence d'esprit; il se leva et fit quelques pas au-devant du visiteur.

— Monsieur, dit-il en s'inclinant avec une politesse affectée, je ne vous connais pas et je ne ne sais ce qui me procure l'honneur...

Le Nabab se redressa et regarda fixement le maître de la maison. Tout à coup il partit d'un bruyant éclat de rire :

— Par la Caâbah! s'écria-t-il; si je juge de moi d'après toi, mon pauvre Linguard, il n'est pas étonnant que nous ne nous reconnaissions pas. Vingt années peuvent-elles changer un homme à ce point? Tu parais aussi vieux que le brahmine Abdalha que je rencontrai sur le bord du Gange, pêchant des crocodiles à la ligne, et Abdalha avait cent deux ans !

— Monsieur! interrompit Linguard avec une anxiété visible.

Tête-à-l'Envers saisit d'une main le bras de Linguard, tandis que de l'autre il élevait la lampe au niveau de son visage.

— Tu ne me reconnais pas, et cependant tu trembles, dit-il d'un ton d'ironie. Regarde-moi donc bien, Antoine-Joseph Linguard, ancien premier commis de la maison Fleuriaux et compagnie, à Marseille; regarde-moi d'aussi près que tu voudras; j'ai été rudement secoué par la destinée, sur terre et sur mer, mais je suis toujours...

— Oseriez-vous encore porter votre nom dans ce pays, où il est déshonoré, flétri? s'écria Linguard involontairement.

— Et pourquoi non? reprit l'étranger avec mélancolie; le temps efface tout... J'ai eu une jeunesse orageuse, il est vrai; mais une seule personne, peut-être, aurait eu le droit de me maudire, et j'ai appris à mon arrivée que cette personne avait disparu depuis longtemps... Laissons cela, ajouta-t-il d'un ton bref; tu me connais, Linguard, tu sais ce qui m'amène ici. Fais-moi donc servir à souper; car je suis las, et le vin de Lamalgue, que j'ai bu à l'auberge de *la Belle Maguelonne,* m'a mis en appétit.

En même temps il se jeta sur un siége et allongea ses jambes d'un air de fatigue.

Linguard, en dépit de son pouvoir sur lui-même, manifestait un trouble extraordinaire; la terreur, l'indignation, le désespoir le faisaient rougir et pâlir tour à tour. Pendant qu'il hésitait, son regard tomba sur madame et mademoiselle Meursanges; elles se tenaient dans l'ombre, immobiles et silencieuses. Il s'élança vers elles impétueusement.

— Vous êtes encore là? s'écria-t-il rudement; que faites-vous? Qui vous retient? Prétendriez-vous épier mes actions dans ma propre demeure?

Les deux dames se serraient toutes tremblantes l'une contre l'autre. Jamais leur hypocrite protecteur ne leur avait parlé sur ce ton brutal.

— Ami, dit la mère avec embarras, mon cher monsieur Linguard, ni ma fille, ni moi nous n'avons eu l'intention...

— Laissez-nous, interrompit sèchement le maître du logis.

Élisabeth voulut entraîner madame Meursanges; le mystérieux Tête-à-l'Envers s'approcha d'elles avec empressement :

— Qu'est-ce ceci, vieil égoïste? dit-il à Linguard d'un ton moitié plaisant, moitié sérieux, me prends-tu pour un sauvage? Sache-le bien, j'ai vu des dames jaunes en Chine, des dames vertes à Java, des rouges en Amérique, des blanches ou des noires partout, et on ne m'a jamais reproché d'avoir manqué d'égards envers le sexe, quelle que fût sa couleur. Permets donc à ces dames de m'honorer de leur compagnie...

J'espère qu'elles daigneront souper avec nous, si leur heure n'est pas passée.

Ce sans-façon bizarre, ce ton de maître, si extraordinaire dans une espèce de mendiant, arrivé en France depuis quelques heures seulement, renversait toutes les idées des assistants. Les dames ne savaient quel parti prendre ; Christophe, debout près de la porte, attendait les ordres de son maître et ouvrait de grands yeux effarés. Ce merveilleux aplomb avait vivement frappé Linguard lui-même.

— Pour parler avec tant d'assurance, pensait-il, il faut qu'il soit bien sûr de ses droits! Allons, je ne peux tarder davantage à le reconnaître ; résignons-nous donc, en attendant qu'il se découvre!

Aussitôt son visage changea : son sourire étudié reparut sur ses lèvres.

— Mes chères amies, dit-il d'un ton doucereux en prenant le Nabab par la main, tout ce qui se passe ici doit vous paraître bien singulier. Vous vous expliquerez mon trouble et ma brusquerie involontaire, quand vous saurez que mon hôte est M. Auguste Fleuriaux, mon ancien maître, qui a quitté la France il y a vingt ans environ!

— Attendez! attendez! s'écria madame Meursanges emportée par la curiosité, j'ai quelque souvenir de cette affaire; car elle fit grand bruit à peu près à l'époque de mon mariage. M. Fleuriaux eut, je crois, le malheur de tuer en duel...

— Le frère de celle qu'il aimait, dit le voyageur d'un ton triste et grave. Ainsi donc, on garde encore ici la mémoire de cette lugubre affaire!... Après tant d'années d'exil, après tant de fatigues, tant de traverses, tant de souffrances, je retrouve, en posant le pied sur mon sol natal, ce funeste souvenir, présent et vivace comme le premier jour! Mais pourquoi me plaindrais-je? la pauvre femme dont j'ai causé la perte était plus digne de pitié que moi!

Auguste Fleuriaux, car nous savons désormais le véritable nom du voyageur, avait les yeux humides en prononçant ces paroles.

— Ainsi donc, demanda Linguard, vous savez déjà que la jeune fille disparut de Marseille le jour où vous vous embarquâtes secrètement sur le navire anglais le *Tom Jones*? Depuis ce temps, les plus actives recherches n'ont pu la découvrir.

— On me l'a dit, en effet, et, mieux que personne, Linguard, tu devrais savoir la vérité... Mais j'oublie que mes paroles sont obscures pour toi; je te les expliquerai bientôt, en te demandant compte de la confiance dont je t'avais investi.

Le vieillard poussa une espèce de gémissement; puis il s'écria avec une activité fébrile en s'adressant à Christophe :

— Eh bien! grand imbécile, que fais-tu là? N'as-tu pas entendu que M. Fleuriaux voulait souper? Cours bien vite à la cuisine, et sers-lui ce que nous avons de meilleur. Madame Meursanges, continua-t-il en regardant la mère d'Élisabeth, voudra bien t'aider un peu dans cette besogne; n'est-ce pas, ma chère amie?

— Volontiers, monsieur Linguard, répliqua la veuve d'un ton maussade, je ne suis pas rancunière, moi, je sais excuser un moment de vivacité, d'autant plus que je connais la cause première de votre mauvaise humeur...

Elle jeta un regard irrité à sa fille et sortit en grommelant.

Linguard, sans l'écouter, s'était approché de Christophe et lui donnait quelques ordres à voix basse. Pendant ce temps, Auguste Fleuriaux se trouva seul avec mademoiselle Meursanges, à l'autre extrémité de la salle.

— Mademoiselle, lui dit-il rapidement, ayez bon courage... je suis l'ami de M. Maurice... lui et moi nous veillerons sur vous !

La pauvre Élisabeth tressaillit au son de cette voix vibrante et affectueuse. Sa tête se releva, ses yeux éteints se ranimèrent.

— Ah ! merci, merci ! murmura-t-elle ; ainsi donc, vous l'avez vu ? Vous lui avez parlé ?

Fleuriaux mit un doigt sur sa bouche et rejoignit Linguard, qui, dans sa préoccupation, ne s'était aperçu de rien.

On servit un repas substantiel. Fleuriaux seul y prit part, les autres personnes de la maison ayant déjà soupé. Bientôt le voyageur retrouva toute sa gaieté, un instant refoulée par de tristes souvenirs ; il raconta avec une verve intarissable les principaux épisodes de sa vie agitée, depuis l'époque où il avait quitté Marseille. C'était une suite non interrompue de naufrages, de dangers, d'aventures surprenantes, de prospérités inouïes. Au milieu de ces événements romanesques, le Gil Blas cosmopolite n'avait pas toujours joué le plus beau rôle ; souvent il lui échappait de citer telle circonstance où la nécessité lui avait fait commettre des actes assez peu dignes d'éloges ; mais ses auditeurs ne prenaient pas garde à ces aveux, dont ils eussent pu se scandaliser dans un autre moment. Madame Meursanges éprouvait une véritable admiration pour cet homme, qui avait fait plusieurs fois une fortune royale, et Élisabeth se sentait pleine d'indulgence pour son futur protecteur, pour l'ami de Maurice. Quant à Linguard, il écoutait Fleuriaux avec une attention constante, cherchant dans les faits, parfois incohérents de ce récit, la solution d'un important problème ; mais, soit hasard, soit calcul, le Nabab ne dit rien de nature à satisfaire son ardente curiosité sur ce sujet.

La soirée était fort avancée quand les dames songèrent à se retirer. Linguard coupa court aux compliments, car il lui tardait de causer en liberté avec son hôte. Néanmoins, en prenant congé d'Élisabeth, Fleuriaux trouva encore l'occasion de lui adresser quelques mots d'encouragement ; la jeune fille se retira le cœur plein d'espérance.

Linguard et Fleuriaux étaient restés seuls dans cette vaste et sombre salle. Bien que les sujets de conversation ne dussent pas leur manquer, ils s'étaient tus brusquement, ils s'observaient avec défiance comme deux ennemis. Le voyageur avait cessé de manger ; le coude appuyé sur la table, il jouait avec la pointe acérée d'un couteau. Linguard prenait fréquemment des prises de tabac ; par-dessous ses lunettes, ses yeux petillaient d'astuce et de pénétration.

Ce silence dura quelques minutes ; enfin le vieillard dit de ce ton doucereux qu'il savait prendre dans l'occasion :

— Vous nous avez fait de beaux récits, monsieur Auguste ; mais, si je ne me trompe, il ne vous reste plus rien aujourd'hui de ces immenses trésors amassés dans vos voyages d'outre-mer... Vous revenez ici comme l'enfant prodigue!

— L'enfant prodigue! répéta Fleuriaux. Tu sais bien, vieux Linguard, que je n'ai pu, comme lui, dissiper mon héritage?

— Sans doute, sans doute, car vous n'aviez pu l'emporter.

— Tu feins de ne pas me comprendre... Tu dois bien penser cependant qu'en reparaissant dans mon pays natal, j'ai l'intention de revendiquer le dépôt confié à tes soins durant mon absence. C'est l'héritage de mon père, et, après tant de revers, je ne serais pas fâché d'en jouir en paix.

Linguard sentit une sueur froide couler sur son front.

— Au moment de votre départ, reprit-il d'une voix étouffée, vous m'avez cédé tous vos biens, meubles et immeubles, par actes réguliers.

— C'est fort bien, Linguard; mais tu oublies que cette vente était purement fictive, car tu m'avais signé toi-même à l'avance une déclaration en forme authentique qui l'annulait. Cette déclaration, cette contre-lettre, comme on appelle les actes de ce genre, te constituait seulement dépositaire de ma fortune; tu étais obligé de me la restituer à ma première demande.

— Mais cette pièce n'existe plus, sans doute... D'après ce que vous m'avez dit de votre existence tourmentée et aventureuse, nécessairement ce chiffon de papier n'a pu échapper aux pillages, aux dangers, aux naufrages dont vous parliez tout à l'heure?

— Eh bien, quand cela serait? dit Fleuriaux avec douceur; l'ancien commis de mon père, autrefois réputé pour sa probité et sa droiture, refuserait-il une restitution qu'il sait légitime? La perte de cet acte serait-elle une raison pour un ancien serviteur de ma famille de me repousser, de retenir ce qui m'appartient?

Linguard bondit sur sa chaise et se mit à se promener avec une joie fébrile.

— La contre-lettre est perdue, anéantie! s'écria-t-il en frappant des mains; je le savais bien, moi! Il ne faut jamais s'abandonner au désespoir!

Le voyageur se leva à son tour.

— Linguard, dit-il avec fermeté, je ne veux pas croire encore aux soupçons que vos paroles tendraient à m'inspirer; je ne veux pas ajouter foi aux bruits fâcheux répandus dans le pays sur votre compte... Il m'en coûterait trop de vous regarder comme un malhonnête homme et un fripon.

Le vieillard riait d'un rire convulsif en continuant sa promenade.

— Ah! ah! ah! la bonne histoire! disait-il comme à lui-même, ce pauvre garçon revient tel qu'il était parti. A quoi lui ont servi ses voyages, ses infortunes, ses prospérités? Il n'a pas acquis d'expérience, c'est toujours le même écervelé que son père lui-même avait surnommé Tête-à-l'Envers!... Oui, vraiment, jamais personne n'a mieux mérité ce sobriquet: Tête-à-l'Envers, Tête-à-l'Envers! Il vient me réclamer cette richesse que j'ai passé la première moitié de ma vie à désirer, dont je n'ai pu profiter encore dans la seconde, et il n'a plus le précieux papier pour m'obliger à cette restitution!

Il l'a perdu, le pauvre enfant... le pauvre niais... le pauvre fou!... Il l'a perdu... ah! ah! ah! il l'a perdu!

M. Fleuriaux haussa les épaules.

— Tu vas bien vite en besogne, vieux Linguard, reprit-il froidement; t'ai-je dit que cet acte était perdu, déchiré, anéanti? Est-il si difficile de conserver un morceau de papier timbré?

Linguard s'arrêta tout à coup dans sa promenade; toutes ses terreurs lui revinrent à la fois.

— C'était donc une épreuve? balbutia-t-il.

— Peut-être; dans tous les cas, cette épreuve ne t'a pas été favorable; aussi, je me montrerai sévère envers un déloyal fondé de pouvoirs, tu peux t'y attendre.

Le vieillard semblait vouloir lire au fond de l'âme de son interlocuteur; celui-ci supporta cet examen avec une imperturbable assurance.

— Non, non, reprit enfin l'avare avec opiniâtreté, ce papier n'a pu échapper à la destruction. Vous avez imaginé quelque ruse pour me tromper! Mais j'ai l'œil ouvert, et...

— Tu supposes que mes infortunes passées n'ont eu aucune influence sur mon caractère, dit Fleuriaux avec un accent contenu; autrefois, vieux coquin, aurais-je souffert de toi de pareilles insolences sans essayer de te rompre les os?... Mais, causons tranquillement; serait-il donc impossible que cette fameuse contre-lettre ne m'eût pas suivi dans mes pérégrinations aventureuses? Que dirais-tu si je l'avais laissée en France, dans des mains sûres?

— Je ne puis le croire. Quand vous fûtes parti, je pris les informations les plus minutieuses; je soupçonnais que ce titre précieux était resté en dépôt à Marseille. Je courus chez tous les gens d'affaires de votre connaissance; je suppliai, je fis des promesses : personne ne put me donner d'éclaircissement sur ce sujet.

— Et, sans doute, tu agissais ainsi par pur intérêt pour moi, mon vertueux Linguard? Tiens, écoute; je vais te révéler certaines circonstances que tu me parais ignorer encore. Je ne pouvais, en quittant la France, oublier la pauvre victime de ma fatale passion et l'enfant qui devait naître d'elle; car, tu t'en souviens, l'infortunée Nathalie était enceinte au moment de la terrible catastrophe. Le jour donc où je conclus avec toi cette vente simulée de mes propriétés, je signai secrètement, chez un autre notaire, un nouvel acte par lequel j'abandonnais à Nathalie ou à son enfant, le revenu de tous les biens dont tu étais le dépositaire. A cette pièce, je joignis la contre-lettre, un testament par lequel je disposais de ma fortune, dans le cas où je mourrais en voyage; puis, enfin, un billet où je demandais pardon à Nathalie des maux que je lui avais causés. Je plaçai sous une enveloppe cachetée ces divers papiers, et je les remis au notaire Dumont, en le chargeant de les faire parvenir à Nathalie.

— Sans doute ils ne sont pas parvenus, dit Linguard tout pensif; jamais personne n'a rien réclamé de moi en vertu de ces différents actes.

— Je le sais, et c'est ce qui me fait croire, comme on me l'a assuré, que Nathalie, ne pouvant survivre à sa honte et à ses remords, était allée mourir obscurément loin de sa ville natale.

Fleuriaux poussa un profond soupir et garda un moment le silence.

— Ainsi donc, demanda Linguard, ces papiers sont restés entre les mains de Dumont? Il n'a pourtant jamais voulu convenir qu'il eût un dépôt venant de vous.

— C'était son devoir de notaire.

— Mais Dumont est mort, et son successeur...

— A quoi bon ces explications? interrompit le Nabab d'un air d'impatience; les papiers existent, cela doit vous suffire; ils vous seront montrés quand il en sera temps.

— Mais... mais... balbutia le vieillard, on vous les a donc rendus?

— Pouvait-on refuser de me les restituer? Ne m'appartenaient-ils pas?

— Sans doute; mais alors vous les avez sur vous, vous pouvez...

— Curieux! dit Fleuriaux d'un ton d'ironie; mais en voilà assez pour ce soir, continua-t-il en se levant. J'éprouve le besoin de prendre un peu de repos... Fais tes réflexions, Linguard; on dit que la nuit porte conseil. Emploie-la bien, *caro mio*; agis loyalement avec moi, et je ne te chicanerai pas trop pour la reddition de tes comptes. A tort ou à raison tu es riche, très-riche, je le sais; même en me restituant ce qui m'est dû, tu pourrais, si tu n'étais un peu ladre, vivre encore dans l'opulence... Crois-moi donc : la loyauté et la bonne foi te serviront mieux que la ruse ou la violence.

Linguard subit cette espèce de mercuriale avec une grande douceur.

— Certainement, mon cher monsieur, nous nous entendrons aisément... Cependant, ajouta-t-il d'un ton insinuant, si vous aviez eu soin de vous munir de cette contre-lettre, et si vous pouviez me la mettre sous les yeux...

— Tu la verras, mais pas en ce moment; le sommeil me gagne. Dans quelle chambre as-tu fait préparer mon lit?

— Dans la chambre jaune; Christophe va vous y conduire.

Il tira un vieux cordon de sonnette, et le domestique parut à la porte avec une lumière.

— La chambre jaune! répéta le Nabab, elle est bien triste et bien solitaire. C'est là que mourut ma vieille gouvernante, il y a près de quarante ans... Enfin, soit! Je ne crains rien, ni les vivants ni les morts... Bonsoir, Linguard... Dieu te donne des pensées de paix et de conciliation!

Tout en parlant, il prit sans affectation, sur la table, le couteau dont il avait déjà examiné la pointe, et il le mit dans sa poche; puis, faisant signe au domestique de le précéder, il sortit de la chambre d'un pas ferme et assuré.

Le vieil avare respira bruyamment, et se mit à pétrir avec méthode, entre ses doigts, une pincée de tabac.

— Allons, dit-il enfin, je l'aurai échappé belle! Heureusement, Tête-à-l'Envers est toujours Tête-à-l'Envers... Il a la contre-lettre dans sa poche, je l'ai deviné. Avant deux heures, je me moquerai de ses menaces!

Il resta absorbé dans de sombres méditations; le retour du domestique le fit tressaillir.

— Christophe, demanda-t-il d'un ton bref, j'aurais besoin de deux hommes vigoureux pour un coup de main; je ne peux compter sur toi. Malgré ta haute taille, un enfant te renverserait; d'ailleurs, tu est si lourd... Le patron de la felouque est-il arrivé?

— Il achève de débarquer le chargement au pied des rochers.

— Et Sampinelli?

— Il est à terre avec les autres.

— Bien; tu diras au patron et à Sampinelli de venir me trouver dès que les marchandises auront été chargées sur les mulets. Je les retiendrai peu de temps. Introduis-les sans bruit par la porte du jardin.

— Je vais les prévenir.

Et Christophe sortit de nouveau.

— Tout marche à souhait, murmura Linguard; mais ce fou est très-vigoureux, il est armé... Nous serons prudents; nous attendrons qu'il soit profondément endormi.

V

Le complot.

Revenons maintenant à Maurice Longpré, que nous avons laissé se dirigeant vers la Bastide-Rouge. Il évita avec soin le chemin frayé, et gagna péniblement les hauteurs escarpées qui dominaient les jardins. L'ascension fut rude, périlleuse même, à cause de l'obscurité et surtout à cause du vent qui aveuglait le pauvre amoureux. Mais Maurice semblait avoir fait une étude minutieuse des localités; en dépit des obstacles, il atteignit bientôt le sommet d'une grosse roche grise, élevée à pic au-dessus des murailles de l'enclos. Alors, le front baigné de sueur, les mains meurtries par les aspérités du schiste, il s'assit pour respirer.

De l'endroit où il était, il planait sur l'espèce de vallée ou de gorge au fond de laquelle la Bastide-Rouge était bâtie. Cette vallée descendait par une pente assez âpre vers la Méditerranée, que l'on voyait briller à travers les arbres. Les arêtes supérieures des rochers, qui formaient deux murs parallèles à ses flancs, étaient éclairées par la lune; un effet bizarre d'ombre et de lumière les faisait paraître, en ce moment, couverts d'une neige éclatante; mais la partie inférieure était plongée dans de profondes ténèbres. C'était un chaos sombre d'oliviers, de figuiers et de pins d'Italie, où se perdait le regard, où le vent s'engouffrait avec rage. L'habitation elle-même était à peine visible; seulement, une fenêtre se détachait en carré lumineux sur sa noire façade. Cette fenêtre appartenait à la salle basse où Auguste Fleuriaux recevait en ce moment l'hospitalité.

Maurice devina cette circonstance, et ses yeux restèrent longtemps attachés dans cette direction.

— On n'a pas l'habitude de veiller si tard à la Bastide-Rouge, murmura-t-il; il faut véritablement que ce singulier personnage soit un homme d'importance aux yeux de Linguard... Mon Dieu! se souviendra-t-il de moi? Cherchera-t-il à protéger ma chère Élisabeth? J'ai eu tort peut-être de me fier à lui. Mais qu'importe, après tout? Maintenant, je suis décidé à agir seul... Agissons donc!

Il se leva vivement et se mit à l'œuvre. Un fort crampon de fer avait été récemment scellé dans le roc; à ce crampon pendait une grosse corde à nœuds, soigneusement dissimulée sous de la mousse et des pierrailles. Depuis plusieurs jours ou plutôt plusieurs nuits, Maurice travaillait en secret à ces préparatifs; la nuit précédente seulement ils avaient été terminés. Cependant il avait fait mystère de cette circonstance à l'hôte inconnu de la Bastide, les promesses vagues et conditionnelles de Fleuriaux ne lui ayant pas paru suffisamment encourageantes.

Il laissa tomber l'extrémité de la corde dans le jardin de la Bastide; il s'assura que l'addition de son poids n'arracherait pas le crampon fixé au roc par ses mains inhabiles, puis il se disposa à descendre chez ce Linguard si redouté.

Au moment de tenter l'entreprise, une réflexion l'arrêta.

— Que vais-je faire? pensa-t-il; ce voyageur n'avait-il pas raison de m'engager à prendre garde aux démarches imprudentes? Mon projet ne pourrait-il pas avoir pour résultat de compromettre Élisabeth sans aucune utilité? Que gagnerai-je à me trouver dans ce jardin solitaire?

Sans doute ce problème n'était pas facile à résoudre, car Maurice s'agita avec anxiété sur l'étroite plate-forme du rocher.

— Bah! bah! qui peut répondre du hasard? reprit-il; la pauvre enfant dort peu, sans doute. Si elle avait l'heureuse pensée de se mettre à la fenêtre pour respirer l'air frais de la nuit! (L'illusion de Maurice était grande, le vent ayant une violence à détourner la jeune fille la plus romanesque de toute velléité de ce genre.) Oui, si cela arrivait, je pourrais me montrer à elle, lui adresser quelques mots à voix basse... Dans le cas contraire, je grimperai, avec le secours des espaliers, jusqu'à la fenêtre de sa chambre, et je déposerai ma lettre dans ces pots de fleurs qu'elle arrose elle-même chaque matin. Demain, à son réveil, elle trouvera ce papier, où je lui indique un moyen de correspondre secrètement avec moi. D'ailleurs, je serai plus près de ma chère Élisabeth, je respirerai l'air qu'elle respire... oui, oui, Dieu m'aidera!

De quoi n'est pas capable un homme jeune et ardent, qui aime pour la première fois, surtout quand un sang méridional bouillonne dans ses veines? Maurice, convaincu qu'il avait d'excellentes raisons pour tenter sa téméraire entreprise, saisit le câble avec résolution et s'abandonna sur la pente du rocher.

Parvenu au tiers environ de la descente, il lui sembla entendre, au-dessous de lui, un bruit de pas et de voix. Il demeura immobile, cramponné à la corde, dont les oscillations constantes lui déchiraient les doigts contre les angles de la pierre. Il jeta un regard au-dessous de lui; rien n'avait bougé dans le jardin, mais, dans le chemin creux qui longeait les murailles, une file de chevaux chargés s'avançait lentement et avec précautions. L'aventurier sourit en reconnaissant la cause de sa frayeur.

— Ce sont les chevaux qui transportent les marchandises de contrebande, murmura-t-il. Décidément, Linguard aura bien de la besogne cette nuit... Courage!

Quelques minutes après, il touchait le sol du jardin. Il était temps; ses forces étaient épuisées, ses mains saignaient, tout son corps s'était meurtri dans ses ballottements contre le rocher.

Pendant qu'il reprenait haleine, une fausse porte donnant sur la campagne, du côté de la mer, s'ouvrit vivement, et deux hommes entrèrent dans le jardin. Maurice se hâta de se jeter dans un massif de figuiers, dont les larges feuilles le couvraient d'une ombre épaisse, et il resta sans mouvement, retenant son haleine.

Les deux hommes se promenèrent à petits pas dans une

allée voisine; souvent leurs yeux se tournaient vers la porte entr'ouverte, comme s'ils eussent attendu une troisième personne. Tout en marchant, ils causaient en patois corse, et Maurice put comprendre leur conversation, la langue du pays ayant une grande affinité avec l'italien corrompu des interlocuteurs.

— Cospetto! disait une voix aigre et désagréable, à quoi pense donc le maître de nous mander ici quand il y a tant de besogne à faire sur la côte et par les chemins? Ce sera un hasard si le patron peut quitter la felouque en ce moment.

— Le patron a promis de venir de suite, répliqua Christophe de son ton bourru; il ferait beau voir qu'il désobéit à son armateur, à celui qui vous met à tous le pain à la main!

— Que la bonne Vierge le protége! Eh bien, que nous veut-il? Il y a donc du nouveau, à la Bastide?

— Hum! il nous est arrivé ce soir un grand coquin, dont la vue n'a pas fait plaisir à M. Linguard... Il a quelque injure à venger, pour sûr!

— Vraiment? Voilà une de ces affaires qui brouillent souvent un bon chrétien avec les *collets jaunes* et les *habits bleus* (les voltigeurs corses et les gendarmes); enfin, je n'ai rien à refuser au bon M. Linguard, que j'aime tant... Ah çà! quel est ce nouveau venu qui est de trop sur la terre?

— Je ne sais pas, un ancien ami de monsieur, je crois.

— Un ancien ami! voyez-vous ça? Mais les meilleurs amis finissent toujours par en venir au couteau. Moi, qui vous parle, j'avais un camarade d'enfance que j'aimais comme mes yeux; un jour, à propos de rien, il me planta son stylet dans les côtes, et se sauva... En revanche, six mois après,

4.

je lui envoyai dans la tête une balle qu'il ne vit pas venir. C'était grand dommage, car nous étions, ma foi! comme les deux doigts de la main, Jacopo et moi!

En ce moment, une troisième personne entra dans le jardin, et se dirigea d'un pas précipité vers Christophe et son compagnon.

— Es-tu là, Sampinelli? demanda une voix rauque.

— Je suis là, patron, et je vous attends. Vous savez que le maître nous demande?

— Oui, je le sais, et puissent tous les diables d'enfer le confondre pour m'avoir dérangé! Enfin, que nous veut-il?

— Une drôle de commission, tout de même; il s'agit de mettre un signor à la raison.

— Et, pour de semblables bagatelles, nous allons risquer de perdre notre navire? dit le patron avec un accent de rage; enfin, un coup de couteau est bien vite donné... Où est le maître?

— Dans la salle basse; venez, car il s'impatiente.

Ils s'avancèrent tous vers la maison, pendant que le patron continuait à se répandre en effroyables blasphèmes.

Maurice était stupéfait, glacé de terreur. Les paroles des contrebandiers n'avaient pas toujours présenté à son esprit un sens très-net, mais il en avait entendu assez pour comprendre qu'un meurtre allait peut-être se commettre à la Bastide-Rouge. Il ne savait pas encore précisément si l'hôte de Linguard était pour lui un ami ou un ennemi; cependant, couché du danger qui menaçait le malheureux voyageur, il réfléchit au moyen de lui porter secours, ou tout au moins de le mettre sur ses gardes. Mais que faire dans cette maison inconnue, contre ces contrebandiers farouches, au sein d'une obscurité profonde?

— Je ne puis néanmoins savoir Élisabeth entourée de bandits pareils, pensa-t-il, sans m'assurer par moi-même de ce qui se passe ici... l'humanité m'ordonne de pénétrer dans cette horrible demeure. Il n'y a pas à hésiter, entrons; j'agirai suivant les circonstances. Qui sait si je n'aurai pas occasion de sauver ma chère Élisabeth de quelque danger?

Il s'avança à pas furtifs vers la maison, dont la porte était restée ouverte derrière les contrebandiers. Après avoir déposé sa chaussure dans un coin, afin de ne faire aucun bruit, il se glissa comme une ombre dans l'intérieur de la Bastide; puis, passant rapidement devant la salle basse où il entendait la voix de Linguard et celle des Corses, il gagna l'escalier, qu'il gravit à tâtons.

Parvenu au sommet, le silence et l'obscurité étaient plus intenses encore. Maurice, ne sachant de quel côté se diriger, erra un moment au hasard dans un large corridor, qui s'étendait d'une extrémité à l'autre de cette vaste maison. Tout à coup il entendit le murmure d'une conversation assez près de lui; un faible rayon de lumière s'échappait à travers les fentes d'une porte. S'approchant avec précaution, il prêta l'oreille. Deux personnes causaient dans une pièce voisine : l'une parlait d'un ton impérieux et irrité, l'autre répondait d'une voix basse, entrecoupée de sanglots. Maurice sentit son cœur battre avec violence; il avait reconnu la voix de madame Meursanges et celle de sa chère Élisabeth.

C'étaient elles, en effet; l'une et l'autre, encore debout, ne songeaient pas à se livrer au sommeil. Élisabeth soutenait contre son irascible mère une de ces luttes pénibles où elle n'avait pour défense que ses larmes.

— Je te dis, ingrate enfant, s'écriait madame Meursanges, que ton ridicule entêtement aigrit de jour en jour notre bienfaiteur contre nous; il finira par nous chasser tout de bon. Ce soir il nous a rudoyées en présence de cet étranger, comme il ne l'avait encore jamais fait... Si tu le pousses à bout, qu'arrivera-t-il de nous, je te le demande? Où irons-nous? Quel parti prendrons-nous? Faudra-t-il recommencer cette vie misérable d'autrefois? Pour moi, je suis lasse, je te le déclare, de cette pauvreté déshonorante.

— Ma mère, interrompit Élisabeth avec véhémence, la pauvreté ne peut déshonorer quand on la supporte noblement et avec courage. Oh! pourquoi n'avez-vous pas préféré cette pauvreté libre et fière à la vie de tristesse, d'humiliation, d'hypocrisie que nous menons ici? Comme j'eusse travaillé avec courage pour satisfaire à vos besoins, pour vous procurer des jours tranquilles! Vous le savez, j'ai acquis quelque habileté dans la broderie et dans les autres ouvrages de femme; si vous ne vouliez pas retourner à la Ciotat, il me serait facile de trouver du travail à Marseille, et je pourrais gagner assez...

— Le travail d'une brodeuse! ne voilà-t-il pas de quoi faire vivre convenablement la veuve et la fille d'un fonctionnaire public! Travailler à la journée, quand on a vécu dans la meilleure société, quand on a tenu le haut du pavé d'une ville!... Enfin, mademoiselle, il faut que tout cela finisse. Je ne dois pas souffrir que, par une sotte opiniâtreté, vous causiez votre malheur et le mien!

— Votre malheur, ma mère! dit la pauvre enfant avec désespoir; que Dieu me préserve d'y contribuer jamais! Je donnerais ma vie pour vous savoir heureuse!

— Ce sont là des phrases de roman, mademoiselle; quand on aime sa mère, on songe à lui obéir, à lui assurer un avenir sortable, au prix même d'un sacrifice...

— J'accomplirai pour vous tous les sacrifices possibles, ma mère! oui, tous, excepté celui de donner ma main à cet homme. Il m'inspire trop d'horreur et de dégoût!

— Vous la lui donnerez, cependant, répliqua madame Meursanges d'un ton ferme, et je compte lui annoncer demain que ce mariage aura lieu dans le plus bref délai... Nous verrons si vous oserez contredire votre mère!

— Puisse Dieu me pardonner! dit la pauvre fille d'une voix brisée, mais j'aurai la force de l'oser.

— Indigne créature! enfant dénaturée! Mais, patience! nous parviendrons bien à vous dompter... Qui vous soutiendrait contre mon autorité? Serait-ce le petit malheureux que vous avez trouvé moyen d'attirer dans ce pays, un drôle qui n'a rien et que vous préférez à l'homme le plus riche et le plus considéré du canton?

— Le souvenir de Maurice me soutiendra, ma mère, s'il ne peut lui-même venir à mon secours... Mais peut-être le ciel m'a-t-il déjà envoyé un autre protecteur!

— Un protecteur! mademoiselle, je ne vous comprends pas.

La jeune fille se tut; cette allusion lui était échappée dans son trouble, mais elle ne voulait pas trahir le secret de Fleuriaux.

— Vous ne répondez pas! Que signifie ceci? Vous avez, je le sais, des intelligences avec le dehors, témoin cette lettre que vous avez fait parvenir en secret au petit Longpré... Mais je rendrai désormais impossibles de semblables ruses; on s'en prendrait à moi, on m'accuserait de manquer de vigilance; aussi je veux connaître ce nouvel ami sur qui vous paraissez compter. Mais, j'y songe, serait-ce par hasard ce M. Fleuriaux, arrivé ce soir à la Bastide? En effet, il vous a parlé un moment à voix basse... Et puis, il s'était arrêté à l'auberge de Bécasson, où il a dû rencontrer votre amoureux... Oui, oui, c'est cela, et sans doute il vous a apporté quelque lettre, quelque message?

— Non, ma mère, répondit Élisabeth en sanglotant, pas de lettre, pas de message... Il m'a dit seulement un mot de pitié... mais un mot de pitié est si précieux quand on est abandonnée de tous, même de sa mère!

— Pas de tous, Élisabeth! oh! non, pas de tous! murmura une voix animée derrière elle.

Les deux dames tressaillirent et levèrent la tête; Maurice venait d'entrer sans bruit dans la chambre.

A sa vue, elles poussèrent un cri perçant; heureusement, le vent qui s'abattait avec violence sur la Bastide empêcha de l'entendre. Maurice courut à elles.

— Elisabeth! madame Meursanges! dit-il avec énergie, silence! de grâce... il y va peut-être de la vie!

Les dames se turent, car elles l'avaient reconnu; Élisabeth lui tendit sa main, qu'il couvrit de baisers; la veuve le regardait d'un air où l'étonnement se mêlait à la frayeur et à la colère.

— Comment vous êtes-vous introduit ici? demanda-t-elle d'une voix tremblante. Que nous voulez-vous, sainte Vierge! A-t-on jamais entendu parler de semblables choses?

Maurice ne répondait pas; il pressait la main de la jeune fille contre son cœur, il la dévorait de caresses.

— C'est une manifestation de la protection divine! dit Élisabeth avec une joie naïve en levant les yeux au ciel. Dieu a voulu faire un miracle pour une pauvre fille désespérée.

— Un malfaiteur peut seul s'introduire ainsi dans une maison respectable, dans notre chambre! reprit madame Meursanges; je vais appeler Christophe, M. Linguard, et nous saurons enfin...

Élisabeth la retint.

— Par pitié! ma mère, n'appelez personne! murmura-t-elle; il va se retirer, ou du moins nous dire pourquoi il est ici.

— Je suis ici pour empêcher un meurtre.

— Un meurtre! répétèrent les deux femmes effrayées.

— Oui... ce voyageur qui est venu ce soir demander l'hospitalité à la Bastide-Rouge, cet homme singulier qui a bien voulu s'intéresser à notre amour sans nous connaître, on a conçu le projet de se défaire de lui.

— Qui donc, monsieur?

— Le maître de cette maison, ce misérable Linguard, que vous voulez donner pour mari à votre fille!

— C'est une calomnie!... c'est impossible!... Linguard!... un homme de cet âge!...

— Il est trop lâche pour exécuter lui-même son abominable projet; mais les assassins sont déjà dans la maison... Indiquez-moi donc bien vite la chambre de ce malheureux étranger. Je le préviendrai, je le mettrai sur ses gardes, je le défendrai, s'il le faut !

Les deux dames étaient stupéfaites.

— Non, non, reprit la veuve, c'est une imposture... Je ne croirai jamais que Linguard, un homme riche...

— Ma mère, dit la jeune fille en frémissant, ce soir il avait un regard vraiment infernal en regardant M. Fleuriaux.

— M. Fleuriaux ! l'ancien maître de Linguard ! Alors, plus de doute. M. Fleuriaux, si j'en juge par quelques paroles qui lui sont échappées en ma présence, a des intérêts de la plus haute importance à débattre avec Linguard, et on veut se débarrasser de lui... Élisabeth, au nom de Dieu ! dites-moi où se trouve la chambre de ce pauvre voyageur... Je n'ai déjà que trop tardé à courir à son secours.

— Là, au bout de ce corridor, dit la jeune fille en désignant l'autre extrémité de la maison ; mais, je vous en supplie, Maurice, n'allez pas vous exposer à un danger inutile.

— Élisabeth, M. Fleuriaux s'est intéressé à notre triste sort, il est notre ami !

Et il voulait sortir ; la jeune fille le retenait toujours.

— Et nous, qu'allons-nous devenir ? dit madame Meursanges, sérieusement effrayée en dépit d'elle-même ; sans croire aux atrocités que suppose M. Maurice, on pourrait...

Un grand bruit, semblable à celui d'une lutte ou de meubles que l'on renverse, s'éleva dans la direction de la chambre de Fleuriaux ; presque aussitôt des cris de douleur se firent entendre, mêlés à des menaces et à des imprécations.

— Il est trop tard ! dit le jeune homme en pâlissant, le

crime s'accomplit! N'importe! je vais rejoindre le malheureux que l'on égorge... Peut-être pourrai-je encore lui être de quelque secours !

— Restez, restez, Maurice !... ils vous tueraient aussi! murmura Élisabeth en se cramponnant à ses vêtements.

Le jeune homme se dégagea vivement de son étreinte, et s'élança hors de la chambre. Élisabeth voulut le rappeler; la voix expira sur ses lèvres et elle tomba évanouie. Madame Meursanges, en proie à une terreur qu'il lui était impossible de maîtriser, s'empressa de barricader la porte avec soin.

VI

L'attaque.

La chambre où Auguste Fleuriaux devait passer la nuit était une pièce sombre, délabrée, d'un aspect assez lugubre. Un vieux papier, jadis jaune, déchiré en beaucoup d'endroits et couvert de moisissures, lui avait valu le nom qu'elle portait. Elle était garnie de meubles noirs et vermoulus. Dans l'alcôve, se voyait un grand lit, maigre et dur; la courtepointe de camaïeu représentant des chinoiseries; les rideaux, de même étoffe, étaient textuellement en lambeaux. Bref, le voyageur n'avait pas à se louer beaucoup de l'hospitalité qu'on lui accordait dans sa demeure héréditaire.

Quand le domestique se fut retiré, en lui laissant un bout de chandelle dans un bougeoir de fer-blanc, Auguste Fleuriaux, debout au milieu de la chambre, les mains dans ses poches, se mit à examiner lentement tout ce qui l'entourait. Peu à peu son front se plissa :

— Au diable le vieux fou qui choisit précisément cette chambre pour me loger! grommela-t-il d'un ton grondeur. Rien n'a été changé ici depuis la mort de cette pauvre vieille Geneviève, ma gouvernante, il y a trente-cinq ans. C'est toujours la même disposition des lieux, le même ameublement; je crois aussi, par Brahma! que c'est le même lit avec les mêmes rideaux et les mêmes couvertures! Linguard ne s'est pas ruiné en réparations et en embellissements... Pourvu que la vieille Geneviève ne revienne pas la nuit me disputer sa chaste couche! Goddam! la visite ne serait pas de mon goût.

En dépit de son scepticisme, il sentit un léger frisson à cette pensée; il reprit presque aussitôt en sifflotant :

— Bah! bah! ce sont les visites d'un autre genre qu'il faut craindre. Ou je me trompe fort, ou je pourrais bien voir ici, cette nuit, mon cher ami Linguard, seul ou en compagnie; je lui ai fait entendre, un peu trop clairement peut-être, que j'avais sur moi cette maudite contre-lettre. Il me pressait tant! j'ai été forcé d'aller plus loin que je ne voulais...

Il réfléchit quelques instants, et, les bras croisés sur sa poitrine, il vint s'asseoir devant le lit.

— Dans quelle satanée voie me suis-je engagé? reprit-il d'un air pensif. Comment tout cela finira-t-il? Je veux être empalé si je m'en doute; fort mal nécessairement, car je ne vois aucun moyen de tourner la difficulté. Linguard est le plus grand coquin de la terre... ma foi! cela durera tant que ça pourra! En attendant, veillons à ne pas être pris à l'improviste.

Il tira de sa poche le couteau dont il s'était emparé, et le cacha derrière l'oreiller ; puis, saisissant la lumière, il examina la serrure de la porte. Cette serrure ne pouvait fermer en dedans ; il n'y avait ni targette ni verrou pour se garantir d'une intrusion nocturne. Fleuriaux, en sifflotant, alla chercher une vieille table, à pieds tors, qu'il appuya contre la porte ; sur la table, il jucha un massif fauteuil de chêne, et par-dessus le fauteuil, il déposa un pot à eau de faïence, plein d'eau, qui devait tomber au moindre choc. Ces bizarres préparatifs terminés, il examina d'un air satisfait l'échafaudage qu'il venait de construire :

— Ceci pourvoira au plus pressé, dit-il ; me voilà *tabou*, comme disent les sauvages de l'océan Pacifique ; personne ne pourra m'approcher à mon insu... D'ailleurs, je ne dormirai que d'un œil.

Il fit encore le tour de la chambre pour s'assurer qu'il ne s'y trouvait aucune autre issue ; puis, il se contenta de se dépouiller de sa veste, enfonça son bonnet fourré sur ses yeux, et, se jetant sur le lit, il s'endormit sans autres précautions.

Quelques heures s'étaient écoulées ; trois hommes gravirent avec précaution l'escalier de la Bastide et se dirigèrent vers la partie du corridor où était logé Auguste Fleuriaux. L'un d'eux, qui marchait en avant, une lanterne à la main, était un personnage en costume de marin, à figure patibulaire ; fort ennuyé, ou du moins fort impatienté de cette besogne nocturne, il mâchonnait d'horribles jurons ; c'était le patron du petit bâtiment contrebandier, alors à l'ancre dans une anse voisine. Derrière lui venait Sampinelli, son second ou son lieutenant à bord, petit homme maigre, chétif, chez qui la ruse et la dextérité physique suppléaient d'ordinaire à la force. Linguard était le troisième, et, bien qu'il dût prendre une part tout à fait passive à ce qui se tramait, il était le plus pâle, le plus agité des trois.

— Comprenez bien mes volontés, mes amis, disait-il à voix basse en marchant d'un pas furtif. Il ne s'agit pas de faire un mauvais coup; je suis trop honnête homme pour rien exiger de pareil. D'ailleurs, on sait que notre gaillard se trouve chez moi, et je serais fort embarrassé de rendre compte de sa disparition... s'il disparaissait. Il faut être prudent en affaires! Vous vous contenterez de vous emparer de certaines paperasses qu'il a sur lui et vous me les remettrez au plus vite. Seulement, s'il s'éveille trop tôt, vous pouvez compter qu'il fera une résistance énergique.

— Tant mieux! gronda le patron.

— Tant pis! grommela Sampinelli.

— Il s'agit de l'empêcher de s'éveiller trop tôt, continua le maître de la Bastide-Rouge, et je puis vous donner à ce sujet des renseignements utiles. Pendant qu'il se couchait, je me suis glissé dans une pièce voisine; à travers une fente de la cloison, j'ai pu voir ses préparatifs de défense, car il a l'air de se défier de quelque chose. Il s'est couché tout habillé, preuve certaine que les papiers sont cachés dans ses vêtements... Il doit être maintenant dans une profonde obscurité, car on avait pris la précaution de ne lui donner qu'un bout de chandelle, consumé déjà depuis longtemps. Voici donc ce que vous avez à faire; vous pousserez lentement la porte, de manière à éloigner, sans les renverser, les meubles qu'il a entassés derrière elle ; avec du temps, de la patience et un peu d'adresse, la chose n'est pas impossible... Vous vous introduirez sans bruit dans la chambre, vous irez droit au lit, qui est placé à gauche ; vous pourrez vous emparer du personnage avant qu'il soit éveillé ; alors j'entrerai avec la lanterne, et le reste ira tout seul.

— Mais, fourche du diable ! nous allons perdre un temps infini à ces misères-là ! dit le patron, et la felouque ne doit pas être à l'aise sur la côte... D'ailleurs, moi, je ne sais prendre tant de précautions, je renverserai, je casserai tout.

— Non, non, patron, il y a des personnes endormies dans la maison ; tout doit s'accomplir dans le plus profond silence.

— Eh bien ! si vous y consentez, patron, dit Sampinelli d'un air modeste, je me chargerai d'ouvrir la porte sans faire plus de bruit qu'une souris qui trotte. Quand j'étais novice à bord de *la Joviale,* on me citait pour mon adresse à dérober les provisions du cambusier. Vous allez voir... le temps de dire un chapelet, et nous serons dans la cabine.

Linguard le remercia d'une voix étouffée et lui promit les plus belles récompenses s'il réussissait.

On était arrivé à la chambre jaune ; Sampinelli fit signe à ses compagnons de rester immobiles, et, après avoir appliqué un moment son oreille contre la porte, il se mit immédiatement à l'ouvrage.

Il souleva d'abord avec des précautions infinies le loquet de fer que Fleuriaux avait assujetti intérieurement avec assez de négligence ; la porte n'étant plus retenue que par les meubles amoncelés de l'autre côté, il se coucha par terre et il se mit à la pousser lentement. Il travaillait sans relâche des doigts et des ongles avec une dextérité merveilleuse, s'arrêtant au moindre bruit, reprenant son ouvrage quand le fracas du vent pouvait couvrir le grincement des meubles qu'il écartait par un mouvement presque insensible.

Le patron, assis par terre, jurait entre ses dents contre ces lenteurs. Linguard encourageait sans cesse le travailleur; mais, en dépit de lui-même, il semblait éprouver quelque inquiétude. Il avait entendu du bruit du côté de la chambre des dames; il regrettait de n'avoir pas songé, au milieu de ses graves préoccupations, à aller s'assurer si elles étaient endormies. Il était trop tard pour réparer cette négligence. Pour rien au monde il n'eût voulu être éloigné au moment où les deux Corses pénétreraient dans la chambre jaune.

Ce moment approchait; l'ouverture s'agrandissait peu à peu, elle devait bientôt être assez large pour donner passage aux assaillants. Rien n'avait été dérangé dans l'échafaudage construit par l'assiégé; pas une goutte de l'eau contenue dans le vase de faïence n'avait été renversée. Cependant, si quelqu'un eût pu observer Fleuriaux dans l'obscurité, on l'eût vu, dès les premiers mouvements de la porte, se soulever lentement sur le coude et écouter en silence; ses yeux brillaient comme ceux d'un chat sauvage.

Certain, après un examen attentif, qu'il allait être attaqué, il saisit son couteau sous le chevet et sauta légèrement à bas de sa couche, en murmurant:

— *Allah aikbar!* C'était écrit... Nous allons danser la *bamboula!*

Enfin l'ouverture fut assez large pour permettre aux agresseurs de passer. Alors Sampinelli se leva, et, bien qu'aucun danger immédiat ne parût à craindre, il céda d'un air de politesse au patron l'honneur d'entrer le premier dans la chambre jaune. Le farouche contrebandier, furieux de cette perte de temps, allait s'élancer impétueusement; Linguard le retint par le bras :

— Encore une fois, patron, songez dans quel embarras je me trouverais, si vous veniez à le tuer.

— Mais, enfer! s'il se défend?

— Il ne se défendra pas. D'ailleurs...

— Qu'il vive ou qu'il meure! gronda le patron, finissons-en !

Il entra sans trop de précautions dans la chambre; Sampinelli le suivit d'un pas plus posé; Linguard prit la lanterne pour les éclairer, mais il n'osa franchir le seuil de la porte.

Les deux contrebandiers coururent au lit; ils le trouvèrent vide. Ils se retournaient pour avertir Linguard de cette circonstance, quand une ombre noire se dressa devant eux; un bras robuste s'abattit deux fois sur la tête du patron, qui tomba comme une masse en poussant un sourd gémissement; jamais poignet humain n'avait porté de si formidables gourmades.

Sampinelli n'était pas, comme on l'a sans doute deviné, doué d'une bonne dose de courage. En entendant tomber son compagnon et en se trouvant lui-même aux prises avec un ennemi invisible, la frayeur le prit; il se mit à courir dans la chambre en appelant Linguard à son secours. On le suivit

5.

avec acharnement, et le poing redoutable rencontra plusieurs fois le corps chétif du contrebandier. Pendant la lutte, les combattants heurtèrent les meubles placés en équilibre, et tout croula avec fracas. C'étaient ce bruit et ces cris perçants qui avaient retenti jusqu'à l'autre extrémité de la maison.

Linguard, debout devant la porte, sa lanterne à la main, était dans une anxiété terrible. Il ne savait s'il devait entrer ou s'enfuir. La crainte qu'un meurtre ne se commît dans sa maison le décida à avancer d'un pas, et il jeta dans la chambre un regard timide.

Le patron gisait encore au pied du lit et commençait à peine à se remettre de son étourdissement. Sampinelli, tout essoufflé, courait avec une agilité sans égale d'un bout à l'autre de la chambre; Fleuriaux, à demi vêtu, le poursuivait sans relâche, et à chaque rencontre il faisait grêler sur le malheureux Corse des coups de poing capables d'assommer un bœuf.

— Ah! mes drôles! disait-il en ricanant, je vous apprendrai à respecter le repos d'un voyageur... Je veux vous régaler d'un plat de ma façon! J'ai reçu des leçons, à Batavia, d'un honorable gentleman qui n'avait pas son pareil pour la boxe, et j'ai fini par lui casser toutes les dents... Je vais te casser aussi les tiennes, stupide cokney!

Véritablement le pauvre Sampinelli était dans le plus piteux état; son sang coulait en abondance.

— Grâce! grâce, monsieur! s'écria-t-il en se jetant à genoux; ne me tuez pas... Je suis un brave homme! ne me tuez pas; je prierai le bon Dieu pour vous!

Fleuriaux levait déjà le bras pour porter un dernier coup ; il le laissa retomber en souriant.

— Ah ! ah ! tu as donc ton compte ? Vous ne vous y frotterez plus, j'espère... Mais est-ce toi, Linguard, excellent ami, digne maître de maison ? ajouta-t-il en se tournant vers le vieux commis qui se tenait à distance, fortifié derrière une table renversée ! eh bien ! es-tu content de la manière dont j'ai reçu tes messagers ? J'ai grande envie de te faire tâter du même régal.

Le vieillard recula en balbutiant quelques paroles inintelligibles. Mais pendant cette lutte, le patron avait repris peu à peu ses sens ; dévoré du désir de la vengeance, il se releva et s'arma d'un de ces couteaux-poignards que les hommes de sa profession portent d'ordinaire avec eux. Tout à coup il bondit vers Fleuriaux en poussant un cri sauvage.

Fleuriaux ne parut nullement s'émouvoir de cette nouvelle attaque. Il s'adossa à la muraille, tira son couteau à son tour, para dextrement le coup de son adversaire et dit avec son inaltérable sang-froid, en se tenant toujours en garde :

— Eh ! eh ! un duel à la navaja ? Nous connaissons aussi le maniement de cet outil-là. Je me suis exercé plus d'une fois à la Havane avec le brave matador José Sylva y Royas, qui n'a jamais manqué un taureau dans le cirque de Séville.

— Arrêtez ! cria Linguard d'une voix étranglée ; il y a assez de sang de répandu ! Patron, je vous donnerai tout l'argent que vous voudrez... Fleuriaux, je vous engage ma parole que vous ne serez plus inquiété pour ce maudit papier...

Sampinelli, continua-t-il en s'adressant au Corse assis piteusement sur le plancher, aidez-moi à les désarmer.

— Sainte Madone! répondit Sampinelli d'un ton lamentable, que me demandez-vous? J'ai tous les os luxés, rompus, moulus... Cet homme est le diable en personne!

Les deux adversaires n'écoutaient ni les instances de Linguard, ni les lamentations de Sampinelli. Debout en face l'un de l'autre, le corps bien effacé, le bras tendu, ils restaient dans une immobilité complète, se surveillant du regard, prêts à s'élancer l'un sur l'autre. A la lueur incertaine de la lanterne, leurs couteaux et leurs yeux jetaient de sinistres étincelles.

Enfin le contrebandier, emporté par sa rage, se rua aveuglément sur Fleuriaux et voulut le frapper de son arme. Fleuriaux, souple et nerveux, évita lestement cette attaque; il essaya de profiter du moment où son ennemi était découvert pour le frapper à son tour. Malheureusement il n'aperçut pas un fauteuil qui se trouvait sous ses pieds; il trébucha et tomba à la renverse.

Habile à profiter de cet avantage, le contrebandier se jeta sur lui, et, écartant le bras avec lequel le voyageur essayait encore de parer le coup, il leva son couteau pour l'égorger.

Un cri se fit entendre; on retint avec force la main du patron, en disant d'une voix imposante :

— Malheureux! ne frappez pas!

C'était Maurice. Après avoir erré un moment dans l'obscurité, il était arrivé à temps pour empêcher un crime.

Fleuriaux avait profité de cette diversion pour se dégager

des étreintes de son rival. En un instant, il fut debout et sur ses gardes, prêt à recommencer le combat.

La présence inattendue du jeune homme, au milieu de cette scène tumultueuse, avait frappé de stupeur Linguard et ses associés.

— Monsieur Linguard! s'écria Maurice avec véhémence, votre maison est-elle donc un coupe-gorge où l'on assassine ceux qui s'y réfugient? Si vous ne craignez Dieu, ne craignez-vous pas la justice humaine? Elle vous demandera compte certainement de ce qui se passe ici, sous vos yeux, et par votre ordre, sans doute?

Linguard éleva sa lanterne de manière à éclairer le visage du jeune homme :

— Par l'enfer! s'écria-t-il, c'est l'amoureux! comment s'est-il introduit ici?

— Eh! mais, barbe du prophète! s'écria Fleuriaux à son tour, c'est mon brave petit ami du cabaret de *la Belle Maguelonne*. Du diable si je m'attendais à le revoir cette nuit! Eh bien! mon matelot, vous pouvez vous vanter de m'avoir rendu un fameux service tout à l'heure; car cet enragé de Corse allait me faire une vilaine boutonnière dans le moule de ma veste... Merci, merci! Je ne sais pourquoi, mon garçon, j'aime mieux vous devoir ce service qu'à aucune autre personne au monde!

Et il tendit la main à Maurice, sans cesser toutefois de surveiller le farouche patron.

Linguard était vivement agité; il prévoyait avec terreur les suites possibles de ce nouvel incident. S'avançant vers le patron, il lui dit tout bas d'une voix brève :

— Le soin de notre sûreté nous oblige à prendre un parti décisif. Je voulais les épargner; mais à présent il n'y faut plus songer... Patron, il s'agit de mettre à tout prix ces deux hommes hors d'état de nous nuire.

— A tous les diables, vous et vos affaires! répondit le Corse d'un ton irrité; la tête me bout comme un pot-au-feu. Nous avions bien besoin de nous mêler de ce qui ne nous regardait pas; nous avons été assez rudement punis, je pense... Maintenant, pour votre peau pleine de louis, je ne tarderais pas d'une minute à aller rejoindre ma felouque, car elle doit être rudement secouée là-bas, sur les rochers de la côte!

— Comment! patron, dit Linguard avec effroi, vous m'abandonnez? Demain ils vont porter plainte contre vous, et...

— De quoi m'accuseront-ils? d'avoir reçu des coups appliqués avec une vigueur infernale? Si l'on est poursuivi pour cela, vos rats de terre pourront venir me chercher à mon bord, ils trouveront à qui parler... Allons! te lèveras-tu, misérable ver de terre?

— Ah! signor! gémit Sampinelli sans bouger, je ne puis ni me coucher, ni m'asseoir, ni me tenir debout... Je suis aussi brisé que si j'étais tombé du haut du grand mât d'une frégate sur le pont.

Auguste Fleuriaux, qui, pendant cette conversation, était resté à l'autre extrémité de la chambre avec Maurice, s'avança vers le malencontreux marin.

— Attendez, camarade, dit-il avec une bonhomie singulière en le soulevant avec vigueur, les ennemis ne sont pas des Turcs. C'est moi qui vous ai mis dans cet état, c'est à moi de vous aider, maintenant que la bataille est finie... Allons, mon brave, cette petite bourrasque ne doit pas vous décourager; quand vous voudrez je vous donnerai votre revanche.

— Non pas! non pas! répondit le pauvre Sampinelli; je vous remercie, signor; je ne demande pas de revanche; j'y laisserais ma misérable carcasse !

Fleuriaux sourit avec malice.

— Et vous, mon vaillant picador, reprit-il en s'adressant au patron, sans rancune aussi!... Quand il vous plaira de recommencer notre passe à la navaja, je serai à vos ordres; il n'y aura pas une autre fois de satané fauteuil pour me faire tomber! A revoir donc, mes chers amis; bonsoir et *felice notte.*

Les deux contrebandiers lui jetèrent, l'un un regard piteux, l'autre un regard de menace, et ils sortirent de la chambre. On les entendit s'éloigner clopin-clopant dans le corridor voisin.

— Tel vient chercher de la laine qui s'en retourne tondu ! dit Fleuriaux en se frottant les mains dès qu'ils eurent disparu; et maintenant, mon bon Linguard, mon respectable ami, continua-t-il en se tournant vers le maître du logis, nous allons causer librement, si vous le trouvez bon.

Linguard était comme hébété du résultat de cette scène; il se voyait à la merci de son ennemi. Cependant il s'efforça de paraître calme et même enjoué.

— J'espère, mon cher Tête-à-l'Envers, dit-il en essayant de sourire, que vous ne prendrez pas au sérieux une mauvaise plaisanterie. Vous avez pu entendre que j'ai expressément recommandé à ces gens de ne vous faire aucun mal. Je voulais seulement vous obliger à me montrer ce papier qu'il est si important pour moi de connaître; ces pauvres diables, que vous avez si mal menés, étaient chargés de s'assurer si réellement vous aviez cette pièce sur vous...

— Je comprends très-bien. Tu as des manières obligeantes de faire faire ce que l'on ne veut pas. Eh bien! nous verrons ce que pensera le procureur du roi de ces charmants procédés. M. Longpré me conduira demain chez le prochain magistrat, et je conterai l'histoire dans le plus grand détail... L'ami Maurice pourra aussi rendre témoignage de la façon pleine de délicatesse avec laquelle ce butor, que tu appelles le patron, m'invitait, le couteau sur la gorge, à montrer le papier en question.

— Pas de menaces, dit Linguard d'une voix sourde et contenue; vous êtes encore en mon pouvoir, chez moi...

— Allons donc! tu serais trop lâche pour m'attaquer ou me faire attaquer, maintenant que j'ai un compagnon disposé à me soutenir!

— Et je vous défendrais, monsieur, dit Maurice avec assurance, au risque de ma propre vie.

— Qu'il prenne garde à lui-même! Il s'est introduit à la Bastide, la nuit, à l'insu de tout le monde; je puis le considérer comme un malfaiteur et le traiter comme tel.

— Cela ne serait pas prudent, monsieur Linguard, répliqua Maurice; les dames Meursanges m'ont vu entrer ici; si je ne reparaissais pas, votre pouvoir sur elles n'irait pas jusqu'à leur imposer silence.

— Les dames Meursanges! répéta Linguard épouvanté; elles ne dorment pas? Elles ont pu entendre...

— Elles savent en partie ce qui se passe ici, et leur témoignage ne vous serait pas favorable. D'ailleurs les maîtres de l'auberge de *la Belle Maguelonne* nous ont vus partir ce soir, M. Fleuriaux et moi, pour la Bastide-Rouge.

— Tu es pris de tous les côtés, mon pauvre Linguard, dit Fleuriaux avec une pitié ironique. Voyons, résigne-toi; tu as été vaincu; il faut savoir se soumettre à la loi du vainqueur. Écoute, je serai généreux avec toi comme avec les autres, je t'offrirai la paix, à certaines conditions.

— La paix! s'écria Linguard avec empressement, oh! parlez! parlez!

— Quand je dis la paix, c'est une trêve que je devrais dire... Enfin, je consens à oublier tes beaux exploits de cette nuit et à t'accorder un délai de quinze jours pour me rendre tes comptes, si tu veux à ton tour m'accorder ce que j'ai à te demander.

— Quelles sont ces conditions?

— D'abord, dit Fleuriaux en ayant l'air de chercher, tu me remettras une centaine de louis avant toute espèce de pourparlers; je veux être vêtu convenablement et reparaître dans mon pays natal en véritable nabab.

— Accordé, dit Linguard; vous aurez cet argent demain matin, ce soir même si vous le désirez.

— C'est bien, *banaré* (ce qui, en galibi de Cayenne, veut dire *mon ami*). L'autre condition est celle-ci : tu ne t'opposeras plus au mariage de mon libérateur Maurice, ici présent, avec mademoiselle Meursanges, ta pupille; ce brave garçon sera admis tous les jours auprès d'elle en attendant que les formalités nécessaires pour le mariage soient remplies.

Le jeune homme, sans parler, serra la main de Fleuriaux. Linguard fit la grimace.

— Mademoiselle Meursanges n'est pas ma pupille, répondit-il; elle dépend entièrement de sa mère.

— Soit; alors il nous suffira que tu promettes de ne pas contrarier nos desseins; nous nous entendrons avec la mère.

Linguard hésita un moment.

— Est-ce tout? demanda-t-il enfin.

— A peu près... Ah!... pendant ces quinze jours de trêve je pourrai déjà disposer de la maison comme je l'entendrai, recevoir les personnes de ma famille, qui était autrefois passablement nombreuse. Elle n'a pas diminué depuis, j'imagine... Je veux fêter ma bienvenue avec ces excellents parents.

Le vieil avare réfléchit encore.

— Mais vous me demandez d'être absolument le maître dans ma... dans notre maison, dit-il enfin. Au moins justifiez de vos droits, en me montrant ce papier qui...

— Tron dé Diou! mon bon ami, tu deviens assommant à rabâcher toujours la même chose! s'écria Fleuriaux avec impatience; tu verras ce papier le jour où nous réglerons définitivement nos comptes; tu le verras en présence d'un notaire et de deux témoins, à travers une glace assez épaisse pour que tu ne puisses le lacérer furtivement. Voilà quand et comment tu verras cette contre-lettre, et non auparavant ni autrement. En attendant, je vais la mettre en lieu sûr, afin que tu ne sois plus tenté de recommencer l'expérience de cette nuit. Crois-moi, ne te montre pas trop difficile, et nous pourrons faire ensemble un arrangement à l'amiable, où tu trouveras ton profit.

— Eh bien! reprit Linguard, vous promettez donc que, ni vous ni ce jeune homme, vous ne conterez jamais à personne les événements de cette nuit?

— Nous le promettons, dit Fleuriaux avec assurance.

— Et puis vous vous engagez à soutenir demain matin la fable que je conterai aux dames Meursanges pour détourner leurs soupçons?

— Tu pourras conter toutes les fables de la Fontaine, si tu veux, personne ne te contredira.

— C'est un marché conclu, dit Linguard en soupirant.

— A merveille, reprit Fleuriaux, mais récapitulons : j'aurai mes cent louis, je pourrai recevoir tout le pays à la Bastide s'il m'en vient la fantaisie...

— Et j'épouserai ma chère Élisabeth? s'écria Maurice.

— Oui! oui! répliqua Linguard d'une voix étouffée.

— Chien qui s'en dédit! s'écria le Nabab; tiens bien toutes tes conditions, mon vieux, car je te surveillerai. Tu as pu reconnaître déjà qu'il n'était facile ni de me tromper ni de me surprendre; te voilà bien averti... Allons, maintenant que la paix est conclue, fais-moi l'amitié de me laisser ici attendre le jour en compagnie de ce brave garçon, qui est venu si à propos pour m'épargner des désagréments. Envoie-nous deux ou trois bouteilles de ton vin le plus vieux par Christophe, et bonsoir... Tu dois avoir besoin de ruminer tout à l'aise quelque nouvelle méchanceté ; seulement contente-toi de ruminer, ou sinon...

Malgré ces rebuffades, Linguard adressa quelques paroles doucereuses aux deux amis pour achever ce qu'il considérait comme une réconciliation ; puis il leur souhaita le bonsoir d'un air fort humble et sortit.

— J'ai quinze jours devant moi, pensait-il ; c'est plus qu'il ne m'en faut pour les mater.

D'un autre côté, Maurice, resté seul avec Fleuriaux, se jeta à son cou :

— Ah ! monsieur, que ne vous dois-je pas ? s'écria-t-il avec transport, vous aurez fait mon bonheur !

— Ne vous hâtez pas de me remercier, répliqua le voyageur d'un air grave ; Dieu sait comment tout ceci finira... Enfin, c'est quinze jours de gagnés... Il faudra bien les employer.

VII

Revirements.

Une semaine environ s'était écoulée; de grands changements avaient eu lieu à la Bastide-Rouge. Cette sombre demeure, si solitaire autrefois, si inhospitalière, était devenue tout à coup un lieu de réunion et de plaisir. Chaque jour de nouvelles bandes de visiteurs affluaient chez Linguard; toutes étaient accueillies avec une somptuosité inouïe pour le pays. Il n'était bruit que des bombances qui s'y donnaient, et cette circonstance ne contribuait pas peu sans doute à augmenter l'empressement de ceux qui se croyaient en droit d'être admis dans cet Eldorado improvisé.

C'est qu'en effet la Bastide-Rouge contenait maintenant un objet de vive curiosité pour les bons habitants de la banlieue de Marseille. La famille Fleuriaux avait joui autrefois d'une grande influence dans la province; le retour inattendu d'Auguste occupait toutes les bouches. Ses dissipations, ses amours, son duel tragique, sa disparition bizarre, étaient encore présents à la mémoire. Mais ce qui attirait particulièrement sur lui l'attention générale, c'était l'immense fortune qu'il avait, disait-on, rapportée des Indes; il pouvait mesurer au boisseau les moïdores, les perles et les diamants. Un navire était venu aborder de nuit dans une petite anse voisine de la Bastide-Rouge; on avait mis à terre, avec grand mystère, assez de richesses pour acheter la cargaison de tous les navires contenus dans le port de Marseille, et Marseille ellemême par-dessus le marché. Pour preuve à l'appui, on citait le rapport d'un officier de la douane qui avait donné la chasse au susdit navire, sans pouvoir l'atteindre, la nuit même de la dernière tempête causée par la labéchade.

Fleuriaux ne songeait pas à démentir ces bruits; il paraissait même, par sa prodigalité, se faire un plaisir de les confirmer. Son premier soin, après avoir touché les cent louis exigés de Linguard, avait été de se rendre à Marseille et d'acquérir un riche costume oriental, qu'il portait avec aisance et majesté. Puis, s'étant informé de ses très-nombreux parents et des personnes qui avaient été en relations autrefois avec sa famille, il était allé en grande pompe les visiter. Son assurance, ses discours, où perçait l'habitude de l'opulence, quelques pièces d'or dépensées à propos, avaient ébloui tout le monde. On avait accueilli avec transport les avances du riche Nabab; on avait accepté ses invitations sans se faire prier, et voilà comment la Bastide-Rouge regorgeait sans cesse de parents et d'amis que l'on traitait magnifiquement... aux frais de Linguard.

A l'encontre de cette splendide réputation, certaines rumeurs s'étaient aussi répandues dans le voisinage. Un Marseillais, qui se trouvait à bord d'un navire anglais, sur lequel était arrivé Fleuriaux, soutenait que le soi-disant Nabab avait servi sur ce navire en qualité de matelot, n'ayant pas d'argent pour payer son passage. Bécasson, l'aubergiste de *la Belle Maguelonne*, contait, à qui voulait l'entendre, comment Fleuriaux était arrivé un soir chez lui dans le plus misérable équipage, et comment il s'était trouvé dans l'impossibilité de payer sa dépense. Mais on traitait ces bruits d'absurdités, ou bien l'on parlait avec un sourire malin des expériences que voulaient faire tous les voyageurs devenus riches dans le nouveau monde, quand ils revenaient au pays natal, afin d'éprouver leurs parents et leurs amis. D'ailleurs, Fleuriaux agissait en maître à la Bastide-Rouge, et l'on se disait, non sans une apparence de raison, que l'avare et insolent Linguard l'eût impitoyablement chassé de chez lui, si le voyageur n'avait donné des preuves palpables de sa grande opulence.

Le fait est que Linguard semblait totalement éclipsé dans sa propre maison. Fleuriaux seul donnait des ordres, c'étaient chaque jour de nouvelles dépenses que l'ancien commis payait en silence, mais la rage au cœur. Cependant ce qui affligeait le plus Linguard, dans le nouvel état de choses, c'était de voir sans cesse à la Bastide le jeune Maurice Longpré, désormais fiancé reconnu d'Élisabeth Meursanges. Maurice, tout à la joie de se retrouver près d'elle, s'inquiétait peu des gestes menaçants, des regards irrités que le vieillard ne pouvait contenir en sa présence. Élisabeth, plus timide, s'en effrayait souvent, car elle sentait que son persécuteur devait méditer quelque projet sinistre pour s'affranchir de cette pénible contrainte ; mais la protection puissante de Fleuriaux lui donnait courage. Elle savait en partie à quelles causes tenait l'influence du Nabab sur Linguard ; elle espérait que des considérations d'intérêt feraient taire tout autre sentiment dans l'âme sordide du vieil avare.

Voilà donc où en étaient les choses quand, par une de ces magnifiques après-midi dont le climat de la Provence est si prodigue, les dames Meursanges et Maurice vinrent s'asseoir sous un bosquet, au fond du jardin. Une famille de Marseille, dont le chef se prétendait cousin de Fleuriaux au sixième degré, était en ce moment à la Bastide. Comme à l'ordinaire, un somptueux dîner avait été servi aux visiteurs ; mais les dames s'étaient retirées aussitôt que les convenances l'avaient permis, laissant les étrangers fêter à leur aise leur parent Fleuriaux, et Maurice n'avait pas tardé à les suivre.

Elles s'étaient établies dans un endroit délicieux. Le petit berceau d'orangers, chargés de fruits et de fleurs, s'élevait au pied de ce rocher à pic par lequel Maurice était descendu dans le jardin, la nuit où il avait rendu à Fleuriaux un si grand service. Le soleil, déjà sur son déclin, dorait la cime de ces roches grises et des grands arbres qui entouraient la Bastide. Par une échappée de vue, ménagée au milieu du feuillage, on apercevait les flots bleus de la Méditerranée, ponctués au loin de quelques voiles blanches. Une brise fraîche venant de la mer frémissait dans les massifs de grenadiers et de câpriers. Par intervalles, on entendait les rires et les propos joyeux des convives dans la salle basse de la Bastide.

Madame Meursanges avait pris place sur un banc de bois, et s'occupait d'un travail à l'aiguille. Élisabeth était assise auprès d'elle. Maurice, appuyé contre le tronc odorant d'un oranger, parlait bas à la jeune fille. Cette causerie intime semblait avoir un charme égal pour l'un et pour l'autre, lorsque madame Meursanges, interrompant son ouvrage, leur dit tout à coup d'un ton sec et hargneux :

— Tous ces roucoulements sont fort bien, jeunes gens, mais cela ne peut pas durer longtemps ainsi; il faut s'expliquer, à la fin... Il se passe autour de nous de singulières choses ! c'est à en perdre la tête! Cependant ma fille m'appartient, et j'espère bien qu'on ne disposera pas d'elle sans ma permission. Puisque M. Linguard n'est rien, puisqu'il m'a trompée en se faisant passer pour riche, je consens à ne plus penser à lui. Sa conduite envers nous n'a pas été loyale; se donner pour millionnaire et n'avoir pas un sou vaillant! Ce n'est pas un procédé convenable; aussi, je lui ai retiré mon estime. Mais il n'y a pas là de raison, monsieur Longpré, pour que je vous accorde la main d'Élisabeth; rien n'annonce que vous soyez en position de vous charger d'une famille; je finirai par me lasser de ces chuchoteries si l'on ne va pas franchement au but.

Élisabeth soupira; elle souffrait d'entendre sa mère exprimer des sentiments si peu délicats.

— Eh quoi! madame, dit Maurice avec un douloureux étonnement, ne m'avez-vous pas laissé concevoir, depuis peu, de douces espérances? Ne m'avez-vous pas permis d'entretenir quelquefois Élisabeth en votre présence?

— Permis! permis! Est-ce que je sais, moi, ce que je permets, ce que je défends, depuis l'arrivée de ce M. Fleuriaux, si bien nommé Tête-à-l'Envers? Tout le monde tourne à sa volonté; il fait la pluie et le beau temps, dans cette maison; il est riche, il ne l'est pas; il arrive ici vêtu comme un mendiant, et il jette l'or par les fenêtres... Une nuit vous tombez des nues dans notre chambre en nous annonçant que Linguard va assassiner votre cher M. Fleuriaux; le lendemain matin on vous voit déjeuner gaiement tous les trois, et vous assurez que cette affaire, où nous avons eu si grand'peur, est tout simplement un malentendu. Linguard a l'air de détester cet étranger, et il lui obéit comme un esclave; c'est à n'y rien comprendre! Enfin Linguard n'est plus digne de ma fille, c'est fort bien, n'y pensons plus; nous serions trop malheureuses avec un homme qui a perdu sa considération. Il paraît que M. Fleuriaux est maître de toute la fortune, je ne m'explique pas bien pourquoi; mais, puisqu'on le dit, il faut le croire. Or, M. Fleuriaux, en me demandant la main de ma fille pour M. Maurice Longpré, m'a fait entendre certaines choses... Mais, s'il ne se hâte pas de s'expliquer clairement, je ne vois pas pourquoi je souffrirais plus longtemps des assiduités inutiles!

Élisabeth regarda sa mère en rougissant.

— Je ne vous entends pas, dit-elle; M. Fleuriaux vous aurait-il exprimé l'intention...

— Rien, rien, mademoiselle; ces questions-là ne sont pas à votre portée. Seulement, si votre riche Nabab continue à recevoir un tas d'amis, de cousins et de cousines à qui il fait espérer sa succession, je ne sais comment il pourra réaliser ses promesses.

La jeune fille se leva vivement.

— Ma mère, reprit-elle d'une voix émue, vous ne voulez pas me faire entendre sans doute que M. Fleuriaux aurait le désir de suppléer à mon défaut de fortune?

— Et quand cela serait, mademoiselle?

— Les convenances, le sentiment de ma dignité, me défendraient d'accepter les dons d'un étranger, dût mon bonheur en dépendre!

— Phrases de roman que tout cela... D'ailleurs, si vous êtes si délicate, M. Fleuriaux ne pourrait-il s'intéresser en faveur de son nouvel ami Maurice, qui lui a rendu, dit-il, un immense service?

— A mon tour, madame, dit Maurice avec noblesse, je croirais ne devoir rien accepter de M. Fleuriaux. Je rougirais de devoir la main de mademoiselle Élisabeth à une indélicatesse, et c'en serait une de recevoir le prix d'un service rendu.

— Cher Maurice! murmura la jeune fille, nos âmes se devinent toujours!

Cependant ils sentirent l'un et l'autre leurs yeux se remplir de larmes. Madame Meursanges les regarda d'un air stupéfait.

— Sur ma parole, reprit-elle, la jeunesse d'à présent est complétement folle!... Ah çà! voudriez-vous bien me dire pourquoi, après m'être opposée jusqu'ici à cet absurde mariage, j'aurais cessé tout à coup de le repousser, si l'on ne m'avait fait entrevoir certaines éventualités? Qu'y aurait-il de changé dans nos positions réciproques? Pourriez-vous nous offrir plus qu'autrefois, à Élisabeth et à moi, des garanties de sécurité pour l'avenir?... Mais, puisque vous êtes si désintéressés, n'en parlons plus... tout est rompu. J'espère, mademoiselle, que vous chercherez désormais à éviter M. Maurice Longpré, et M. Maurice Longpré voudra bien ne plus vous honorer de ses attentions particulières.

Maurice essaya d'attendrir madame Meursanges; mais Élisabeth connaissait de longue date les idées étroites et égoïstes de la chère dame, qui, le plus naïvement du monde, considérait le mariage de sa fille comme un moyen de se procurer à elle-même fortune et position. Elle fit donc signe au jeune homme de s'épargner des prières inutiles. Un silence pénible s'établit sous le bosquet d'orangers; les deux jeunes gens se regardaient en pleurant, et parfois leurs mains se serraient furtivement.

En ce moment une voix joyeuse se fit entendre à quelque distance, et Auguste Fleuriaux parut dans une allée voisine. Son riche costume, moitié maure, moitié indien, était un peu en désordre; son bonnet de velours brodé d'or était crânement posé sur l'oreille; sa physionomie, toujours si vive et si animée, malgré ses rides et ses cheveux gris, avait une expression de gaieté moqueuse. Il tenait d'une main un verre de champagne, de l'autre un biscuit qu'il grignotait tout en marchant.

— Ma foi! mes bons amis, s'écria-t-il en riant, c'est mal de quitter ainsi la table avant la fin. *Boï gott!* vous perdez un spectacle unique : d'abord cette ménagerie de parents que j'ai grisés en les obligeant à boire outre mesure à mon heureux retour ; et puis ce pauvre Linguard, qui fait la plus piteuse mine en comptant les bouteilles vides et les verres cassés ; son cœur d'avare saigne sans cesse... Le *poveretto !* s'il avait vu mes dîners d'apparat dans l'Inde ! On buvait dans des gobelets d'or enrichis de perles, que l'on jetait dans le Gange à la fin du repas. On brisait les plats de porcelaine du Japon sur la tête des porteurs de palanquins. avec aussi peu de regret que je brise ce méchant verre de deux sous...

Et il lança d'un air insouciant contre le rocher le verre à champagne qu'il avait à la main.

— Voilà de jolies manières ! dit madame Meursanges, femme de ménage avant tout ; vous devriez avoir un peu plus d'égards pour la vaisselle de la maison. On a beau être riche, on trouve toujours occasion d'employer convenablement sa fortune.

— Fort bien parlé, bonne maman Meursanges, répondit Fleuriaux avec familiarité, mais je suis pour le moment un riche d'une certaine espèce ; mon plaisir suprême est de dépenser, de gaspiller, de détruire, et cela durera jusqu'à ce que... Mais, par Al-Borak ! que signifie ceci ? continua-t-il en examinant ses auditeurs avec plus d'attention, les enfants ont pleuré ? Qui a effarouché mes gentils tourtereaux ? qui a jeté des pierres dans mon buisson de roses ?... Tron dé l'air ! serait-ce là un nouveau tour de ce sournois de Linguard ? le coquin voudrait-il déjà rompre la trêve ?

Il porta vivement la main au châle précieux qui lui servait de ceinture, comme pour s'assurer qu'il y trouverait une arme au besoin. Il examinait les jeunes gens d'un air d'affectueux intérêt ; ceux-ci baissaient la tête en silence.

6.

— Monsieur Fleuriaux, dit enfin Maurice tristement, Linguard n'est plus la cause de l'affliction où vous nous voyez... Merci de votre bienveillance, mais elle ne peut rien pour diminuer nos chagrins actuels.

Et ses larmes recommencèrent à couler.

— Alors je dois m'en prendre à vous, madame Meursanges, je le parierais, dit Fleuriaux en fronçant le sourcil ; vous aurez encore tourmenté mes jeunes amis avec vos éternelles exigences de fortune et de position ! Je vous avais pourtant fait entendre que dans un certain cas...

— Vous avez eu beau me parler de tous les cas possibles, ils ne veulent rien de vous ni de personne ; et, comme je ne saurais souffrir plus longtemps de voir ce grand garçon rôder autour de ma fille ou lui parler à l'oreille...

Fleuriaux s'empara de sa main avec vivacité :

— Êtes-vous donc si méchante? dit-il avec chaleur. Auriez-vous bien le cœur de martyriser ces chers enfants? Regardez-les : cette naïve douleur ne vous émeut-elle pas? Je croyais mon âme desséchée par vingt années de voyages, de luttes, de désenchantements ; en les voyant, je me sens prêt à pleurer. C'est qu'en parcourant le monde dans tous les sens, j'ai admiré bien des choses, les merveilles de l'art, les splendeurs de la nature, mais je n'ai rien trouvé d'aussi digne de respect et d'admiration que deux enfants jeunes et beaux, s'aimant d'un premier amour !

Madame Meursanges regardait avec étonnement l'homme inconcevable qui lui parlait ainsi.

— Ne les séparez pas! continua-t-il en s'animant encore ; ce serait une faute, ce serait un crime ! Ne les séparez pas,

ou craignez que leur malheur ne retombe sur votre tête...
J'ai aimé comme ce jeune Maurice, autrefois, il y a bien
longtemps ; si rien n'eût fait obstacle à cet amour, j'eusse pu
devenir un homme simple et bon, utile à ses semblables,
obéissant aux lois de la société ; mais un obstacle se rencontra, on irrita des passions fougueuses, je devins ivre, je devins fou... Le sang coula, un cadavre fut jeté entre *elle* et
moi. L'existence de ma malheureuse amie fut brisée du coup,
et moi, pendant une moitié de ma vie, j'ai erré en proscrit,
en vagabond sur la surface de la terre, faisant rarement le
bien, souvent le mal, à charge aux autres, à charge à moi-même !

Il avait parlé avec une extrême véhémence ; il porta la
main à son front, comme s'il eût voulu en comprimer les
battements. Quand il retira sa main après un moment de silence, son visage mobile s'était déjà rasséréné.

— Je crois, Dieu me pardonne ! reprit-il en s'efforçant de
sourire, que je deviens sentimental ; c'est sans doute le voisinage de nos petits amis qui m'a valu ce mal, peu ordinaire à
mon âge... Mais, voyons, madame Meursanges, vous ne songez pas sérieusement à les séparer ? Ils s'aiment, ils sont
dignes l'un de l'autre, ils seront heureux. Maurice m'a rendu
un grand service, il m'a sauvé la vie ; d'ailleurs, il y a en lui
je ne sais quoi qui me plaît et m'attire. Pour le voir obtenir
l'objet de ses vœux, je donnerais...

Il s'arrêta brusquement et se mordit les lèvres.

— Eh bien, demanda avidement la mère avare, vous donneriez...

— Le diamant du Grand-Mogol... si je l'avais, répliqua Fleuriaux avec calme.

Madame Meursanges fit un geste de mécontentement.

— Il suffit, dit-elle en reprenant son ouvrage; je sais ce qui me reste à faire... Il est toujours bon de mettre ces beaux parleurs au pied du mur. Voilà où aboutissent leurs superbes promesses! Mais j'agirai à ma guise, et je ne me laisserai endoctriner par chrétien ou païen qu'à bon escient.

Pendant qu'elle parlait, ou plutôt qu'elle grommelait ainsi, une nombreuse compagnie parut à l'extrémité du jardin. Les convives de la Bastide, ennuyés de la longue absence de Fleuriaux, venaient le réclamer sous la conduite de Linguard.

— Bon! mes chers cousins et cousines s'impatientent! dit le Nabab avec gaieté. Sur ma parole, je les avais tout à fait oubliés... Voyez si père, mère et enfants ne paraissent pas avoir fêté outre mesure le dieu des vendanges et les libres propos! La maman a mis son châle à l'envers, et le papa ne marche pas droit... Linguard lui-même, malgré sa mine refrognée, n'est pas très-solide sur ses jambes; ne pouvant sauver ses bouteilles, il a au moins voulu en avoir sa part. Allons! mes jeunes gens, essuyez vos yeux, qu'on ne voie pas ces larmes; tout s'arrangera, je vous le promets... Maman Meursanges, nous causerons à tête reposée, et vous finirez par entendre raison. En attendant, riez donc un peu avec moi de ma charmante famille; elle est vraiment fort divertissante!

Il s'avança au-devant des promeneurs, qui l'accueillirent avec des démonstrations exagérées de respect et de tendresse.

Linguard, dégagé pour un moment des soucis de maître de maison, essuya son front couvert de sueur.

Les étrangers se disposaient à retourner à Marseille avant la nuit; ils venaient prendre congé du Nabab.

— Comment, déjà? dit Fleuriaux froidement; vous me ferez bien l'amitié de passer ici quelques jours, afin que je puisse vous fêter d'une manière plus digne de vous et de moi; ces dîners improvisés ne valent pas grand'chose !

Une vive anxiété se peignit sur les traits de Linguard; heureusement le chef de la famille, petit négociant de Marseille, s'excusa sur ses occupations pour refuser l'invitation de son bien-aimé cousin.

— Alors vous me donnerez ma revanche un autre jour; je vais mettre cette pauvre maison sur un pied convenable; il me faut douze domestiques et des cuisiniers de diverses nations... Vous verrez, cousin; à votre prochaine visite, je vous ferai faire un dîner à la chinoise; vous mangerez des nids de salanganes, des holothuries et des nageoires de requins; je parierais mille roupies que ces dames trouveront ces mets délicieux.

Les dames, c'est-à-dire la femme et la fille du cousin, affirmèrent en minaudant que toute leur affection pour leur bon parent les déciderait avec peine à goûter de semblables mets.

— C'est bien, c'est bien; à revoir donc, mon cher cousin Millot, et vous aussi, cousine Millot, sans oublier...

Il les congédiait de la main d'un air insouciant; mais ce nom de Millot avait produit sur le mari et la femme un effet magique.

— Nous ne sommes pas des Millot, cousin! repartit la cousine, femme de tête et pleine de présence d'esprit; les Millot sont une autre branche, une branche bâtarde de la famille; et je ne vous conseillerais pas de les voir, car ce sont des gens dont la société ne vous conviendrait sous aucun rapport... des jaloux, des envieux... ils ne méritent pas qu'on fasse attention à eux... Quant à nous, nous sommes des Leclerc, nous vous sommes alliés du côté de votre défunte mère, la digne femme! et nous pouvons dire sans nous vanter...

Un *couac* coupa la parole à madame Leclerc, qui, dans son désir de ruiner auprès du Nabab le crédit d'une branche rivale, avait parlé avec une extrême chaleur.

— C'est juste, c'est juste, cousine Leclerc, dit Fleuriaux avec une gravité comique; je commence à me souvenir... ces Millot, en effet, ne vous valent pas... oui, les Leclerc on sait ce que c'est, les Leclerc sont connus! Eh bien, mes chers amis, si je ne puis vous garder cette semaine, je vous reverrai donc dimanche prochain. Ce jour-là, il y aura grande fête ici. Ayez la complaisance de transmettre mon invitation aux Durand, aux Dumont, aux Laforêt et aux autres dont je puis oublier le nom, mais que je chéris du fond du cœur; dites-leur de venir avec leurs amis et connaissances, leurs enfants, leurs domestiques, leurs chiens s'ils en ont... Dans l'Inde, c'est l'usage d'arriver ainsi chez un ami en caravane.

Les Leclerc s'inclinèrent en signe d'assentiment, se promettant bien *in petto* de ne transmettre l'invitation qu'à ceux de la nombreuse famille dont ils ne craindraient pas trop la concurrence. Mais Linguard, en entendant cette effrayante énumération des futurs convives, ne put retenir un geste de désespoir; Fleuriaux s'en aperçut.

— J'entends, dit-il d'un ton fier en regardant fixement l'avare, que rien ne soit épargné pour cette fête, où je veux réunir tout ce que j'aime. Tu donneras tes ordres, Linguard, et tu auras soin d'être magnifique. S'il n'y a pas de salle assez vaste à la Bastide, le banquet aura lieu dans le jardin; et puis, je veux des pluies de fleurs, des parfums, de la musique.

— Cependant, monsieur...

— Ah! c'est mal à vous, monsieur Linguard, interrompit la Leclerc d'une voix aigre-douce en se dressant sur ses ergots, de vouloir ainsi détourner votre maître de sa famille. Voilà bien des difficultés, parce qu'il s'agit de recevoir des personnes qui touchent de près à ce cher cousin Fleuriaux! On a peur de l'affection qu'il nous témoigne, l'excellent homme! on voudrait le garder pour soi, pour soi tout seul... mais on vous dira votre fait, monsieur Linguard, et vous avez beau grincer des dents, M. Fleuriaux préférera toujours ses parents à l'ancien commis de son père.

Fleuriaux jetait des regards à la dérobée sur les dames Meursanges et sur Maurice, témoins silencieux de cette scène. Il semblait s'en amuser beaucoup, quoiqu'il conservât son flegme imperturbable. Quant à Linguard, rouge de colère et d'humiliation, il baissait la tête en balbutiant des excuses.

En ce moment, Christophe s'approcha et lui remit une lettre qui venait d'arriver. Linguard la saisit avec empressement et s'éloigna un peu pour la lire. Le domestique, avant de se retirer, annonça aux Leclerc que le char-à-bancs qui devait les transporter à la ville était attelé.

— L'entendez-vous, cousin? dit madame Leclerc avec une indignation feinte ou réelle en se rapprochant de Fleuriaux, maître et domestique ont l'air de nous trouver de trop ici; nous les gênons, sans doute... Écoutez, mon digne parent, il y a bien du monde autour de vous; aussi on ne nous fait pas bon visage, on nous fuit... (et elle désignait par un mouvement d'épaules les dames Meursanges et Maurice, groupés à quelque distance). Oui, on a cherché déjà à vous accaparer; il y a des gens si intéressés! Mais vous réfléchirez sans doute. Ce sont des étrangers, ils ne sont pas de votre sang... on n'est jamais bien hors de sa famille. Ah! si vous consentiez à venir loger chez nous à Marseille...

— Miséricorde! madame Leclerc, interrompit le mari, notre maison ne serait jamais assez belle pour recevoir un grand personnage comme notre cousin Fleuriaux.

— Le respect, l'amitié, le dévouement suppléeraient à ce qui manque, monsieur Leclerc, interrompit la dame avec noblesse; je sais ce que je sais, et je prie le cousin Auguste de réfléchir à ma proposition. En attendant, il peut disposer de nous, de notre fortune, de notre crédit; tout ce que nous possédons est à lui.

— A quoi penses-tu donc, madame Leclerc, d'offrir notre pauvre avoir au cousin? Ce serait jeter une goutte d'eau dans la mer.

Pour toute réponse, la dame gratifia son mari d'un coup de coude dans les côtes en murmurant :

— Imbécile!

Fleuriaux venait de recevoir des mains d'un autre domestique, attaché récemment par lui au service de la Bastide, une longue pipe turque, à bout d'ambre, qu'il fumait majestueusement ; néanmoins, il observait du coin de l'œil le vieux Linguard, encore absorbé par la lecture de sa lettre, à quelque distance.

— Cousine, et vous, cousin Leclerc, dit-il en lâchant une bouffée de levant vers le ciel, j'apprécie votre désintéressement et votre amitié à leur juste valeur. Je n'ai pas visité toutes les parties du globe sans avoir appris à connaître les hommes et peut-être aussi un peu les femmes... Soyez donc assurés qu'en temps et lieu je vous rappellerai vos offres.

— Acceptez-les tout de suite, monsieur Fleuriaux, s'écria Linguard, le visage resplendissant de joie, en s'élançant vers lui sa lettre à la main ; acceptez-les de suite et débarrassez-moi de votre présence !

A cette apostrophe brutale, les assistants firent un mouvement de surprise et d'indignation. Seul, Fleuriaux resta immobile ; éloignant de sa bouche le bout d'ambre de sa pipe, il regarda tranquillement l'ancien commis.

— Que signifie un pareil langage ? demanda Maurice ; oubliez-vous, monsieur Linguard...

— Je n'oublie rien, dit Linguard avec une gaieté insolente, mais je suis las d'être bafoué dans ma maison, et je vais donner du balai à tout ce qui me gêne. Ainsi donc les nababs, et les Leclerc, et les petits amoureux intrigants, et les laquais, et les banquets chinois, et toute la boutique infernale vont décamper lestement de chez moi... Allons, qu'on fasse maison nette et promptement, car, en vérité, la rage m'étouffe, et je ne saurais me contenir plus longtemps!

Tout le monde resta immobile; on ne pouvait croire que cet ordre fût sérieux.

— Pécaïré! cet homme est fou, dit madame Leclerc d'un ton dédaigneux; parler ainsi à un seigneur assez riche pour acheter la moitié du département!

— Qu'il s'achète donc un logis pour la nuit; car, je le jure, il ne couchera pas ce soir à la Bastide-Rouge.

— Il vous est facile maintenant de connaître vos amis, dit madame Leclerc d'un air de triomphe en s'adressant à Fleuriaux; vous voyez en qui vous aviez mis votre confiance. Venez chez nous à Marseille, mon cher cousin; vous allez monter dans notre char-à-bancs, vous pourrez y placer aussi un ou deux de vos coffres les plus précieux; car il serait imprudent de laisser votre fortune à la merci de cet indigne personnage.

— Son bagage ne sera pas lourd, dit Linguard en ricanant; il ne possède rien au monde; l'habit qu'il a sur le corps a été acheté avec de l'argent qu'il m'a forcé de lui prêter.

— Mais ces dîners somptueux, ces prodigalités...

— Je souffrais tout, je payais tout... Moi, homme réputé habile, expérimenté, je me suis laissé duper comme un écolier, comme un niais. Oh! mais c'est fini, et la leçon me servira... Allons! que l'on sorte à l'instant de chez moi!

— Je ne resterai pas ici un instant de plus, dit madame Leclerc avec indignation; nous ne sommes pas venus pour nous faire insulter!

— C'est une infamie! ajouta M. Leclerc; partons, ma

femme, mes enfants... je ne croyais pas vivre assez pour me voir ainsi chassé de la maison d'un parent.

— Cela crie vengeance!

— C'est une horreur!

Et la famille s'enfuit à toutes jambes vers la maison; une minute après, la voiture reprenait la route de Marseille.

Les injures de Linguard et le départ précipité des Leclerc n'avaient pas altéré un instant le sang-froid de Fleuriaux; il dit enfin, le sourire sur les lèvres :

— A ce que je vois, maître Linguard, tu sais enfin...

— Je sais la vérité, interrompit l'ancien commis avec un accent de triomphe; ce papier que vous vous vantiez d'avoir en votre possession et que vous refusiez obstinément de me montrer, n'est pas entre vos mains. Votre hésitation, votre opiniâtreté m'avaient donné des soupçons; j'ai voulu les éclaircir. J'ai écrit au successeur de ce notaire à qui vous aviez confié la contre-lettre; voici sa réponse : « Cette pièce importante a été envoyée jadis à qui de droit, car il en est fait mention sur le registre de l'étude; mais, comme elle n'a jamais été mise en usage, on a tout lieu de penser qu'elle a été anéantie ou perdue. »

— C'est la réponse que j'ai obtenue moi-même, répliqua Fleuriaux tristement; cette chère et malheureuse femme n'a rien voulu du meurtrier de son frère... Si réellement cette pièce est tombée entre ses mains, elle l'aura déchirée sans la lire!

— Si vous aviez connaissance de ces faits, qu'attendiez-vous donc de moi? s'écria Linguard; pourquoi vous défendre avec tant d'acharnement, la nuit qui suivit votre arrivée ici, puisqu'on ne devait rien trouver sur vous? Et depuis ce temps, pourquoi ces folies indignes d'un homme de votre âge, ces dépenses extravagantes, ces gaspillages inouïs?

Fleuriaux le regarda d'un air méprisant ; puis il partit d'un bruyant éclat de rire.

— Je voulais m'amuser à tes dépens, Linguard, aux dépens des sottes et viles créatures semblables à toi... J'aurai toujours tiré cela de l'héritage que tu me voles.

L'ancien commis devint rouge d'indignation.

— Ménagez vos expressions, monsieur, dit-il avec arrogance ; je suis un honnête homme... monsieur, et je ne souffrirai pas que l'on m'insulte. Si vous avez des droits, faites-les valoir ; oui, je vous défie de les faire valoir... Mais, continua-t-il sèchement, tous ces propos sont inutiles, je vais appeler Christophe et vous chasser...

— Misérable fripon! s'écria Fleuriaux en faisant mine de lui sauter à la gorge.

Les dames poussèrent un cri d'effroi ; Linguard, pâle et tremblant, recula d'un pas. Mais presque aussitôt Fleuriaux reprit son attitude calme.

— Bah! dit-il en haussant les épaules, un coquin de moins sur la terre, où il y en a déjà tant, ne laisserait pas de vide appréciable. Allons, jeune homme, continua-t-il en se tournant vers Maurice, il ne nous reste plus qu'à faire retraite, car vous êtes compris aussi dans cette intimation polie d'avoir à vider les lieux.

— Oui, s'écria Linguard avec rage, lui, lui surtout !

— Je n'ai pas la prétention de rester chez M. Linguard malgré lui, dit Maurice avec dignité ; mais, avant de partir, je veux savoir si c'est librement que les dames Meursanges...

— Maurice, je ne peux pas, je ne dois pas rester ici en butte aux piéges et aux odieux projets de cet homme! s'écria Élisabeth d'un ton suppliant; messieurs, je vous en conjure, ne me laissez pas dans cette horrible maison.

— Vous dépendez de votre mère, mademoiselle, interrompit rudement Linguard; et si ma bonne amie Meursanges, continua-t-il d'un ton doucereux en s'adressant à la veuve, a conservé pour moi un peu de son ancienne affection...

Madame Meursanges le regarda d'un air d'émotion affectée.

— Je crois en effet qu'on vous avait indignement calomnié, mon vieil ami, reprit-elle; si j'ai bien compris les explications qui viennent d'avoir lieu en ma présence, vous n'avez pas cessé de mériter l'estime et la considération.

— Eh bien, si telle est votre pensée, ma respectable dame, ma maison sera pour votre fille et pour vous un asile sûr; vous ne confierez ni le sort d'Élisabeth ni le vôtre à des vagabonds sans le sou, comme ces deux gaillards-là.

— Ma mère, s'écria Élisabeth, vous n'avez pas compris le rôle honteux...

— Paix! mademoiselle; prétendriez-vous être plus sage que moi, votre mère, à qui vous devez obéissance et respect? Je le déclare donc à ces messieurs, continua-t-elle d'un ton péremptoire, nous n'avons pas besoin de leurs secours. Ce qu'ils ont de mieux à faire, c'est d'obéir aux ordres de M. Linguard.

Élisabeth poussa des cris déchirants; Maurice jura avec énergie que rien au monde ne l'empêcherait de protéger Élisabeth, si elle acceptait sa protection. Il voulut faire des représentations chaleureuses à madame Meursanges ; Fleuriaux lui dit tristement :

— Il faut vous résigner, mon pauvre garçon ; vous n'obtiendrez rien de cette femme obstinée, à qui manquent également l'intelligence et le cœur. Nous n'avons aucun moyen d'empêcher cette cruelle séparation... Seulement, que ce vieux coquin, continua-t-il d'un ton de menace en se tournant vers Linguard, prenne bien garde de n'employer aucune violence contre cette pauvre jeune fille. Je le surveillerai, et s'il se rendait coupable d'un mauvais procédé, je m'adresserais à l'autorité pour...

— Oh ! je ne vous crains plus, s'écria le vieillard avec assurance ; les circonstances ont changé. Voudrait-on croire que moi, homme riche, considéré, j'aie pu tendre un piége à un malheureux sans feu ni lieu, qui est venu me demander l'hospitalité ? L'existence de ce fameux papier eût donné peut-être quelque autorité à une pareille assertion ; mais il n'existe pas, je prouverai qu'il n'a jamais existé... D'ailleurs, qui êtes-vous pour inspirer de la confiance ? Un dissipateur ruiné, disparu à la suite d'un duel tragique, et revenant maintenant dans son pays natal, comme l'enfant prodigue, avec la plus détestable réputation et la pauvreté, suite de l'inconduite. Et ce jeune homme, qu'est-il ? Un petit commis sans consistance, qui s'est introduit la nuit, par escalade, dans une maison habitée. Les beaux accusateurs, pour obtenir une condamnation contre un homme tel que moi ! Vous voudriez peut-être aussi m'accuser de contrebande ? Eh bien, on peut venir ici ou dans tout autre lieu m'appartenant faire des perquisitions ; si l'on trouve un registre, un ballot de marchandises, un mot de ma main pour soutenir cette accusation... Oh! j'ai pris mes précautions, allez ; je puis enfin braver votre colère... Mais en voilà assez, et puisque vous ne voulez pas vider ma maison de bonne volonté, je saurai bien vous y contraindre.

En même temps il appela Christophe, qui accourut aussitôt.

En voyant qu'on se disposait à employer la force contre lui, Fleuriaux tressaillit.

— Ouais! *goddam! corpo di Bacco!* tron de l'air ! s'écria-t-il d'une voix irritée ; crois-tu donc, vieux scélérat, que je me laisserai chasser ainsi par les épaules de cette maison qui m'appartient, et où je suis né? Tu vas m'en faire les honneurs jusqu'au bout, coquin, à moi et à ce brave jeune homme ; oui, tu vas nous accompagner jusqu'à la grille, chapeau bas, et aussi poliment que si nous étions des commodores ou de vrais nababs.

Et il tira de sa ceinture un pistolet.

— Monsieur, balbutia Linguard, je ne consentirai jamais...

— Chapeau bas, drôle, et marche à côté de nous avec déférence et respect, ou sinon, je te le jure, je te briserai la tête comme je briserais une vieille calebasse pourrie!

Le son de sa voix et son regard exprimaient assez qu'il serait capable d'accomplir cette menace. Linguard n'était pas homme à risquer sa vie pour résister aux singulières prétentions de ce personnage original. Il se résigna donc, au grand ébahissement de Christophe, qui resta à la même place, les bras ballants et la bouche béante.

Fleuriaux prit le bras de Maurice, qui sanglotait, pendant

que madame Meursanges entraînait sa fille d'un autre côté. Puis, sa longue pipe turque d'une main, son pistolet de l'autre, avec toute la majesté exigée par son ample et riche costume oriental, le Nabab s'avança vers la Bastide. Linguard les précédait, le chapeau à la main, suivant la rigueur du cérémonial exigé.

Quand on arriva à la grille, il les salua profondément et s'enfuit, craignant toujours d'entendre siffler à ses oreilles la balle de son fantasque ennemi.

VIII

La double découverte.

En quittant la Bastide-Rouge, les deux amis se rendirent à l'auberge de *la Belle Maguelonne*. L'arrivée de Fleuriaux, avec son habit brodé et son étrange équipage, mit tout en rumeur dans la pauvre maison; Bécasson et Babet jetaient des cris d'admiration; les enfants du logis montaient sur les bancs pour voir le célèbre Nabab. Mais, quand Fleuriaux annonça qu'il comptait habiter l'auberge pendant quelques jours, le soupçon se mêla à la joie de l'aubergiste.

— Bagasse! disait-il, c'est une bénédiction du bon Dieu! Un homme qui remue les louis d'or à la pelle, venir demeurer chez moi!... C'est bien à vous, monsieur Fleuriaux, de n'avoir pas de rancune; vous ne m'en voulez donc pas à cause de cette méchante bouteille de Lamalgue, vous savez, le soir de votre arrivée? Aussi, pourquoi diable aviez-vous un habit si déchiré? On ne peut pas deviner; une autre fois ça n'arrivera pas. Allez, tout ici est à votre service, tron dé Diou !... Cependant, curiosité à part, c'est drôle que vous ayez quitté la Bastide-Rouge pour venir ici?

— Tais-toi, Bécasson, s'écria Babet; quand on *a de quoi* et quand on veut bien vivre, on ne doit pas être à l'aise chez le voisin Linguard; sans en dire de mal, il est un peu serré, le cher homme !... M. Fleuriaux se trouvera bien mieux ici, et, s'il aime la bouille-à-baysse, comme un vrai seigneur, je lui en promets d'excellente; il peut demander à ce gentil petit M. Maurice comment Babet Cayou fait la bouille-à-baysse !

Le Nabab accordait fort peu d'attention à ce verbiage; il s'était jeté sur un banc et cherchait à consoler le pauvre Maurice. Mais le curieux aubergiste ne se décourageait pas facilement. Il sentait bien qu'il avait fallu quelque événement extraordinaire pour décider Fleuriaux à prendre gîte dans cet obscur bouchon.

— C'est drôle tout de même, répéta-t-il d'un air défiant en hochant la tête, un armateur qui a tant de bâtiments sur mer !...

— Eh bien ! mes navires ont fait naufrage, interrompit Fleuriaux impatienté.

— Serait-il possible? et ces tonnes d'or entassées dans les greniers de la Bastide-Rouge?...

— Elles se sont fondues comme de la cire à notre soleil provençal, répliqua Fleuriaux avec sang-froid; mais, voyons, mon hôte, vous craignez que je ne puisse encore cette fois acquitter ma dépense, n'est-ce pas? Heureusement quelques pièces plus dures que les autres n'ont pas coulé dans la fonte générale... Tenez, payez-vous d'avance ; préparez-moi une chambre, donnez-nous à boire, à manger et laissez-nous la paix; car, en tous les pays du monde, j'ai détesté les curieux et les bavards.

Et il jeta un louis sur la table.

L'hôtelier grimaça un sourire, s'inclina jusqu'à terre, et n'en demanda pas davantage.

Les deux amis occupèrent la même chambre, et pour cause, cette chambre étant la seule de la maison dont on pût disposer en faveur des voyageurs. Le lendemain matin, au premier rayon du jour, ils étaient déjà levés, discutant les divers partis à prendre dans ces circonstances difficiles. Maurice, assis près de la fenêtre, d'où l'on dominait la splendide vallée de Marseille, restait morne et pensif, la tête dans ses mains. Fleuriaux se promenait d'un pas égal en fumant sa pipe turque, débris éclatant de son éphémère opulence.

— Pourquoi ai-je pu concevoir un moment de si douces espérances? disait le pauvre Maurice avec tristesse. A voir votre influence, votre autorité sur Linguard, je vous croyais sûr d'imposer vos volontés à ce misérable, et tout à coup nos projets ont été renversés, ruinés, anéantis!

Fleuriaux déposa sa pipe sur la table et s'avança vers le jeune homme :

— Je vous dois une explication, dit-il en lui prenant la main avec cordialité, je ne voudrais pas que vous fussiez en droit de m'adresser, même de pensée, le moindre reproche... Rappelez vos souvenirs, mon cher garçon; je ne vous ai jamais donné l'assurance positive de vaincre les obstacles que rencontre votre union avec cette jolie fille ; j'étais moi-même trop incertain du succès de mon audace. En arrivant à la Bastide-Rouge je refusai de me charger d'une lettre pour votre Élisabeth; il me répugnait de prendre un engagement que je n'eusse pas été en mesure de tenir... Depuis ce temps, sans vouloir révéler mon secret, je vous ai toujours laissé soupçonner combien mon crédit sur ce coquin de Linguard était de nature précaire... Dites, cela n'est-il pas de la plus exacte vérité?

— Je le sais, je le sais! mais en vous voyant imposer vos caprices à notre ennemi, donner des ordres dans sa maison, l'humilier lui-même en toute occasion...

— Vous trouvez ma conduite folle, absurde, n'est-ce pas? Vous vous demandez dans quel but, n'ayant aucun moyen légal d'obliger à une restitution un homme de mauvaise foi, je suis venu m'établir chez lui, le vexer, le tourmenter de mille manières, au risque d'être honteusement expulsé lorsque la ruse serait découverte, ce qui est précisément arrivé... D'abord, en me retrouvant dans mon pays natal, sans argent, sans amis, sans ressources, j'ai dû m'assurer si l'honneur et la probité auraient quelque influence sur l'homme à qui j'avais confié autrefois ma fortune; en découvrant mon erreur, j'ai pu éprouver le désir de me venger joyeusement de mon dépositaire infidèle. Mais j'avais d'autres raisons d'agir comme j'ai agi. Je comptais par mon assurance imperturbable effrayer Linguard, l'amener à me proposer lui-même une transaction, et la condition principale de cette transaction eût été votre mariage avec mademoiselle Meursanges. Ces dîners somptueux, ces réceptions continuelles de parents et d'amis n'avaient pas seulement pour but d'induire en dépense le spoliateur de mes biens ; je désirais par ce moyen me mettre en rapport avec des personnes influentes, et par suite empêcher Linguard de me tendre un piége, peut-être même de se porter contre moi aux dernières extrémités... Vous le voyez, mon cher enfant, mon plan n'était pas tout à fait dénué de sens commun. Certainement il eût réussi, si le soupçonneux Linguard n'eût voulu constater l'existence réelle de la contre-lettre. Je l'avais sondé déjà, au sujet de la transaction dont je vous parle, il avait saisi avidement cette idée. Pour acquérir sa sécurité, pour se débarrasser de moi, il eût accepté le partage des biens... Une révélation prématurée est venue tout gâter !

— Je ne vous accuse pas, Fleuriaux, reprit Maurice avec mélancolie en serrant la main de l'ex-Nabab ; j'ai apprécié déjà les qualités solides que vous cachez sous une apparence frivole... Non, je ne puis me plaindre de vous, car je vous dois quelques jours de bonheur passés auprès de ma pauvre Élisabeth !

— Courage ! donc, morbleu ! dit Fleuriaux d'un ton amical ; il ne faut pas encore mettre les choses au pis. Nous ne sommes plus au temps où l'on forçait les jeunes filles à épouser qui l'on voulait... Il y a des juges à Berlin, que diable ! Élisabeth tiendra bon ; la mère imbécile finira par ouvrir les yeux.

Maurice secoua la tête d'un air de doute ; Fleuriaux n'eut pas la force d'insister sur des consolations auxquelles il ne croyait pas lui-même ; il y eut un moment de silence.

— Eh bien ! et vous, monsieur, demanda enfin Maurice avec effort, vous ne m'avez pas dit encore quels étaient vos projets, si toutefois mon affection pour vous me donne le droit...

— Moi! dit Fleuriaux, reprenant son ton joyeux et railleur, et quel diable de parti me reste-t-il à prendre, sinon de m'embarquer comme matelot sur le premier bâtiment en partance dans le port de Marseille? Ensuite, peut-être vaudrait-il mieux m'enfermer dans une baraque sur le Grand-Cours, et me montrer par curiosité; tous les badauds voudraient voir le célèbre Nabab de la Bastide-Rouge! et je récolterais force gros sous... Ma foi, Maurice, je choisirais volontiers ce dernier parti, s'il me donnait les moyens de vivre près de vous! Je ne sais comment cela se fait, mais personne, dans les cinq parties du monde, ne m'a inspiré semblable affection. Par Mahomet! mon garçon, vous m'avez ensorcelé.

— Et moi, Fleuriaux, dit le jeune homme avec âme, dès le premier moment, sans vous connaître, je me suis senti entraîné vers vous; il me serait bien pénible de vous quitter maintenant, vous êtes mon seul ami. Mais, avant de prendre une résolution extrême, ne sauriez-vous forcer cet indigne Linguard...

— Malheureusement je ne peux rien sans cette contre-lettre si fatalement perdue. Seule elle me donnerait le pouvoir de réclamer ma fortune usurpée. D'ailleurs, pour entamer un procès dans ce beau pays de France, il faut force argent, et il me reste tout au plus une vingtaine de louis; ces vingt louis, ajoutés à deux ou trois autres que je retirerai peut-être de ma défroque de nabab, formeront une somme assez maigre; le plus petit avocat n'en ferait pas une bouchée.

— Mais vous avez des parents riches; ils vous comblaient de caresses à la Bastide-Rouge.

— Qui ça? Les Leclerc, les Millot, les Laforêt, ou quels que soient leurs satanés noms, sentant le suif ou le cuir de leurs boutiques! Seriez-vous assez simple, assez naïf, mon garçon, pour croire à ces protestations? Ces bons parents ne me donneraient pas un écu, pas un sou, pas un centime, me sachant ruiné... Je n'ai pas été un seul instant leur dupe, et ils l'ont bien vu, s'ils ne sont pas aveugles. Ce serait temps perdu, même de les mettre à l'épreuve.

— Oh! mon Dieu! dit Maurice avec tristesse en levant les yeux au ciel, tout ce qui me touche, tout ce que j'aime, est donc condamné à souffrir?

Comme il achevait ces mots, on entendit Bécasson, à l'étage inférieur, parler avec vivacité; au même instant, des pas légers, mais précipités, firent craquer l'escalier; puis, la porte s'ouvrant tout à coup, Élisabeth Meursanges, la tête et les épaules couvertes d'un léger mantelet, s'élança dans la chambre.

Maurice poussa un cri de surprise; il reçut presque dans ses bras la pauvre jeune fille, pâle et hors d'haleine.

— Sauvez-moi, sauvez-moi! dit-elle d'une voix étouffée.

— Vous, Élisabeth... ma chère Élisabeth? Mais d'où venez-vous? Comment êtes-vous ici? Que s'est-il donc passé?

Elle ne pouvait parler.

— Asseyez-vous, mon enfant, dit Fleuriaux avec bonté; quelque nouvelle infamie de Linguard, sans doute?

— Fermez la porte, murmura Élisabeth avec égarement,

on va me poursuivre, certainement... Bien des personnes m'ont rencontrée sur la route ; je courais comme une folle... Veillez bien sur moi, ils vont venir, n'est-ce pas? Vous me défendrez?

— Ne craignez rien, Élisabeth ; vous avez ici des amis prêts à vous sacrifier leur existence même, s'il le fallait !

— Et pour l'un des deux, murmura Fleuriaux en haussant les épaules, le sacrifice ne serait même pas bien grand, allez !

La jeune fille respira un moment ; elle reprit d'un ton plus calme :

— Maurice, monsieur Fleuriaux, que penserez-vous de moi? Oh! ce que je fais là est mal... bien mal, je le sais. J'ai quitté ma mère, je suis venue vous chercher ici ; mais mon excuse est dans l'excès de mon désespoir. Ma pauvre tête s'est égarée ; sans réfléchir, je me suis refugiée auprès des seuls amis que j'aie sur la terre !

Maurice, avec les expressions les plus tendres et les plus passionnées, s'empressa de la rassurer.

— Mais enfin, quelle est la cause de cette douleur, de cet effroi, ma pauvre petite? demanda Fleuriaux doucement.

— Vous allez l'apprendre... Hier au soir, après votre départ précipité de la Bastide, j'eus à supporter une longue mercuriale de Linguard, en présence de ma mère ; puis il parla de pardon, de réconciliation. Il me fit les plus brillantes promesses, si je consentais à l'épouser. Il me vanta ses biens immenses ; je résistai à toutes ses offres. Alors il éclata en menaces, il excita contre moi ma pauvre mère, dont l'esprit faible ne sait pas résister au funeste ascendant de cet homme dangereux. Après une scène horrible où je subis les plus affreuses tortures, je me sauvai dans ma chambre, laissant ma mère avec lui. Ils passèrent une partie de la nuit à causer; ma mère revint me joindre fort tard; je m'attendais à de nouvelles obsessions de sa part; cependant elle ne me dit rien. Ce matin, à mon lever, j'ai appris que Linguard était parti de bonne heure pour Marseille; Christophe lui-même avait reçu de son maître une mission pressée, et il avait aussi quitté la Bastide. Leur absence me surprit, mais sans éveiller mes inquiétudes. A déjeuner, ma mère m'a annoncé brusquement que je devais me préparer ce soir même à partir avec elle pour un pays éloigné. Je lui ai demandé pourquoi ce voyage subit et quelle en devait être la destination; elle a refusé d'abord de me donner aucune explication; elle m'a répondu durement que je devais obéir sans répliquer. Cependant, à force de la presser de questions, j'ai fini par lui arracher la vérité, presque en dépit d'elle-même. J'ai su alors que nous devions nous embarquer ce soir sur un petit bâtiment appartenant à Linguard, et nous rendre dans quelque port du littoral de l'Italie; là, disait ma mère, puisque j'étais si obstinée et si ignorante de mes intérêts, on saurait bien m'obliger, de gré ou de force, à épouser mon bienfaiteur. Pour l'exécution de ce plan, Linguard était allé à la ville chercher les papiers nécessaires, et l'on avait envoyé Christophe porter des ordres au patron de ce bâtiment, maintenant à l'ancre dans le voisinage. Vous devez penser avec quelle épouvante j'ai appris cette trame abominable... Je ne sais si je me trompe, mais mon persécuteur a conçu des projets encore plus affreux que ceux qu'il avoue!

— Oui, oui, dit Fleuriaux avec réflexion, j'entrevois toute la scélératesse de ce drôle. Comme un pareil mariage, s'il était possible, ne serait pas valable en France, il a compté sans doute abuser l'intelligence bornée de votre mère par un mariage supposé; d'ailleurs, quand une fois il vous tiendrait sur un bâtiment à lui, rempli de misérables contrebandiers à ses ordres... Mille panerées de diables! On s'exposerait volontiers au pal lui-même pour pouvoir enfoncer un couteau entre la quatrième et la cinquième côte d'un pareil coquin!

— Et vous avez fui pour rendre inexécutable cet horrible plan, s'écria Maurice avec chaleur; oh! merci, Élisabeth, merci pour cet acte de courage!

— J'ai d'abord supplié ma mère; j'ai cherché à lui faire comprendre l'absurdité de ce projet, à lui faire entrevoir les piéges qu'il pouvait cacher... Elle n'a pas voulu m'entendre; elle m'a ordonné rudement de me taire et elle s'est éloignée. Alors désespérée, folle de terreur, je me suis décidée à fuir. Il n'y avait personne à la Bastide que ma mère et la femme de charge; car Linguard a congédié hier au soir les deux domestiques de M. Fleuriaux; l'occasion était favorable; je me suis glissée furtivement dans la cour, j'ai ouvert la grille; sûre de vous trouver dans cette auberge, je suis accourue pour vous demander secours et protection.

Et ses larmes recommencèrent à couler.

— C'est fort bien, ma pauvrette, dit Fleuriaux avec inquiétude; mais si vous saviez où nous étions, Linguard et votre mère doivent le savoir de même. Il ne leur sera donc pas difficile de vous retrouver; ils viendront ici, et, comme l'autorité d'une mère est toute-puissante sur une fille mineure...

— Eh bien! alors, monsieur Fleuriaux, interrompit Maurice avec chaleur, ne pourrions-nous conduire Élisabeth à Marseille, la cacher dans une maison sûre? La ville est grande, populeuse, il serait facile de trouver pour mademoiselle Meursanges une retraite où l'on ne saurait la découvrir.

— Oui; et comme mademoiselle Meursanges aurait été vue en notre compagnie, nous serions arrêtés, vous et moi, avant vingt-quatre heures, comme coupables d'un détournement de mineure... Croyez-moi, mon jeune ami, ne donnons pas prise contre nous à ce vieux matois de Linguard!

— De pareilles considérations ne m'arrêteront pas! s'écria impétueusement Maurice; et, si Élisabeth y consent...

— Elles ne m'arrêteraient pas non plus, répliqua Fleuriaux, s'il s'agissait seulement de ma sûreté. Pour moi, maintenant, qu'est-ce que la liberté, qu'est-ce que la vie? Mais franchement, jeune homme, je vous verrais avec chagrin, vous et cette chère petite, flétrir par une démarche qui aurait l'apparence d'une faute, un amour pur et honnête jusqu'ici! Prenez garde, pauvres enfants; en entrant dans cette voie de protestation et de révolte contre la société, contre l'autorité maternelle, savez-vous où vous pourrez être entraînés?... Je vous étonne, je le vois; vous ne vous attendiez pas à de tels scrupules de ma part. J'ai été ballotté, il est vrai, par de cruels événements, et je n'ai pas su toujours modérer mes passions ou mes désirs... Mais n'est-ce pas mon devoir de signaler aux autres l'écueil sur lequel j'ai fait naufrage?

Il s'attendrissait et ses yeux devenaient humides.

— Cependant monsieur, dit Maurice timidement, les circonstances sont tellement impérieuses...

— Les circonstances ne sauraient justifier une faute, répliqua Fleuriaux avec douceur ; croyez-en un homme qui n'est pas habitué à exagérer la morale... N'attaquez pas de front les règles établies ; un jour vous regretteriez amèrement de vous être soustraits à leur impitoyable autorité !

Élisabeth baissait la tête en rougissant. Maurice avait remarqué déjà la propension de Fleuriaux pour le sarcasme, et il avait pu apprécier plus d'une fois le relâchement de ses principes. Ne comprenant pas cet excès de rigorisme, il regardait l'interlocuteur avec étonnement.

— Mon cher Maurice, reprit celui-ci en souriant tristement, je gagnerais peut-être beaucoup dans votre estime, si nous nous connaissions mieux. J'ai commis bien des fautes ; mais, au milieu de mes égarements, j'ai toujours révéré ce qui est vraiment respectable. Je me montre sévère avec vous, parce que je ne voudrais pas vous voir engagé dans la voie déplorable où je me suis perdu ; parce que cette charmante enfant ne doit pas être malheureuse comme le fut ma pauvre Nathalie...

— Nathalie ! répéta Maurice en tressaillant.

— Oui, c'était le nom de cette belle et douce créature... Si vous étiez de Marseille, Maurice, vous connaîtriez certainement, malgré votre jeunesse, ma tragique histoire avec l'infortunée Nathalie Fougères !

Maurice se leva brusquement ; ses yeux étincelaient, son visage était blanc comme un linge.

— De qui parlez-vous, monsieur? balbutia-t-il; quel nom avez-vous prononcé? J'ai mal entendu, sans doute, je... Non, non, c'est impossible!

— L'auriez-vous connue? s'écria Fleuriaux impétueusement; ce terrible drame a eu trop de retentissement autrefois dans la province pour que je doive cacher le nom de ma triste victime... Je vous le répète, elle s'appelait...

— Taisez-vous, monsieur!

— Mais pourquoi donc? au nom du ciel!

— Vous insultez ma mère!

Un silence éloquent suivit cette révélation. Élisabeth, oubliant ses propres douleurs, n'osait respirer; Maurice restait immobile, les yeux baissés. Quant à Fleuriaux, rien ne saurait retracer le bouleversement de ses traits; son visage bruni par le soleil tropical avait pris des teintes livides; sa poitrine était haletante; un tremblement convulsif agitait sa puissante organisation.

Tout à coup il s'élança vers Maurice et lui saisit le bras :

— Votre âge? d'une voix presque inintelligible; par pitié, dites-moi votre âge!

— Monsieur...

— Il le faut, Maurice; il le faut, je le veux... je vous en prie!

— Je suis né le 9 mai 1816.

— Au mois de mai! reprit Fleuriaux en posant la main sur son front, et moi je m'embarquai au mois de mars... non, au mois d'avril... Oh mon Dieu! rendez-moi la mémoire!... Quand je quittai Nathalie, sa grossesse était déjà avancée... Maurice, Maurice, s'écria-t-il avec un accent de l'âme en lui ouvrant les bras, vous êtes mon...

— Je suis le fils de M. Longpré, monsieur.

— C'est vrai, c'est vrai, mon Dieu! répliqua Fleuriaux dans un trouble inexprimable; mais voyons, réfléchissons un peu, récapitulons ces circonstances étranges... Aidez-moi, Maurice, mon... mon ami! Ma tête se perd, j'ai peur de devenir fou!... Oui, c'est cela, votre mère pleurait souvent en vous regardant; votre présence lui inspirait une sorte d'effroi... C'était l'effet de ses horribles souvenirs!... Puis votre père, en toute occasion, vous manifestait de la haine; il ne vous traitait pas comme ses autres enfants; après la mort de votre mère, il s'est éloigné de vous, il a refusé de vous voir... N'est-ce pas cela, dites, n'est-ce pas cela?

Maurice ne répondit pas.

— Mais comment Nathalie s'est-elle réfugiée à la Ciotat? comment n'a-t-elle pas été reconnue? comment a-t-elle pu se marier assez promptement pour cacher?... Maurice, votre mère a dû vous parler quelquefois de sa famille, de son passé; elle a dû vous révéler certaines particularités au sujet de votre naissance; elle a dû...

— Elle ne parlait jamais de ses parents, répliqua Maurice, elle ne faisait jamais allusion à sa jeunesse, à sa position dans le monde avant son mariage; c'est seulement en arrivant à l'âge d'homme, que moi, son fils, j'ai connu son nom de famille. Quant à des confidences particulières, je n'en reçus d'elle qu'une fois... au moment de sa mort!

— C'est le moment où la vérité s'échappe des cœurs les mieux fermés. Eh bien! Maurice, apprenez-moi...

— Elle me fit appeler dans sa chambre, nous étions seuls; elle m'embrassa, et elle pleura. Puis elle me demanda pardon de s'être montrée souvent froide et injuste pour moi. Enfin, tirant de dessous son oreiller un paquet cacheté qu'elle me remit, elle me dit d'une voix éteinte : « Mon fils, quand je ne serai plus, vous trouverez dans ces papiers le secret de ma conduite envers vous; je n'ai pas le droit de vous cacher plus longtemps des événements qui vous touchent. Cependant si vous avez quelque affection pour votre malheureuse mère, vous ne chercherez pas à connaître ses fautes et ses remords... » Je pris le paquet et le serrai avec soin. Fidèle à cette recommandation sacrée, je ne l'ai jamais ouvert.

— Mais ce paquet, où est-il? mon cher Maurice, vous n'avez pas perdu ce précieux paquet?

Le jeune homme se dirigea vers une valise contenant ses effets; il en tira une large lettre, scellée de plusieurs cachets comme un testament.

— Donnez! donnez! s'écria Fleuriaux avec précipitation.

Maurice hésita un moment.

— Tenez, dit-il enfin d'une voix étouffée en détournant les yeux, je crois que vous avez le droit de connaître le secret de ma pauvre mère !

Fleuriaux saisit le paquet d'une main tremblante. Il déchira l'enveloppe et jeta un regard avide sur les papiers qu'elle renfermait; des larmes jaillirent de ses yeux.

— Plus de doute ! s'écria-t-il dans un trouble inexprimable, voici cette fameuse contre-lettre signée Linguard; voici l'acte notarié par lequel j'abandonnais à la malheureuse Nathalie ou à l'enfant qui naîtrait d'elle le revenu de mes biens.

Par haine pour son séducteur, pour le meurtrier de son frère, Nathalie n'a pas voulu faire usage de ces pièces importantes... Voici enfin le récit des tristes événements de sa vie, nos funestes amours, mon duel avec son frère, sa fuite secrète à la Ciotat; son mariage avec un homme obscur, à qui sa famille avait rendu service autrefois, et qui voulait la sauver du déshonneur; ses scrupules, ses terreurs, tout est là en quelques lignes écrites de sa main... Maurice, Maurice, me crois-tu maintenant?

— Mon père! s'écria le jeune homme.

Ils se jetèrent dans les bras l'un de l'autre; ils pleuraient, ils se regardaient, puis ils s'embrassaient encore.

— Mon fils! disait Fleuriaux en dévorant Maurice de caresses, en le pressant sur sa poitrine à l'étouffer; j'ai un fils, moi, l'aventurier, l'homme sans nom; moi, le paria des cinq parties du monde! Oh! si j'avais su quel bonheur m'était réservé, comme j'eusse fui le danger, comme j'eusse été lâche!... Mais rien ne m'avait révélé ton existence. Une fois, en Afrique, je rencontrai un capitaine de navire que j'avais connu à Marseille; il me raconta la disparition de Nathalie; il me fit entendre, suivant la croyance commune, qu'elle avait attenté à ses jours. Je crus cette lugubre histoire; je n'espérai plus être père, comme je n'avais pu être époux... Alors je cherchai le péril avec une espèce de fureur, je me jetai à corps perdu dans les entreprises les plus téméraires; tantôt riche, tantôt pauvre, je parcourais la terre, ne me trouvant bien nulle part, sans but, sans désirs, sans jouissances... Et pendant ce temps, j'avais un fils! et il est beau, il est bon, il est généreux! Il m'a aimé, il m'a sauvé la vie avant de me connaître... Oh! c'est trop! c'est trop! je ne méritais pas ce bonheur, moi qui ai causé tous les maux de l'infortunée Nathalie!

— Elle vous a pardonné, mon père, car son cœur était plein de bonté et de clémence... Nous parlerons d'elle bien souvent... Et vous, mon père, à force de soins et d'affection, je vous ferai oublier vos chagrins passés; nous ne nous quitterons plus.

— Moi te quitter, Maurice, mon enfant, serait-ce possible? Mais au milieu même de ma joie, continua-t-il d'un ton sombre, je porte encore la peine de mes fautes passées... Maurice, aux yeux de la loi, aux yeux du monde, tu ne peux être qu'un étranger pour moi. Cet homme brutal qui te frappait pendant ton enfance, qui t'a témoigné une haine si profonde et qui t'a abandonné pendant ta jeunesse, aura seul le droit d'exiger ton amitié, ton respect; et moi...

Il se couvrit le visage.

— Qu'importent le monde et les conventions humaines? s'écria Maurice avec chaleur; mon affection sera pour vous seul!

Et il se jeta de nouveau dans les bras de Fleuriaux. Élisabeth s'approcha timidement.

— Et moi, Maurice! et moi, monsieur Fleuriaux! dit-elle en souriant les larmes aux yeux, n'aurai-je pas une petite part dans votre joie?

— Vous! la jolie tourterelle de mon tourtereau! vous, la perle jumelle de mon écrin! s'écria Fleuriaux transporté, vous partagerez notre bonheur en le complétant, vous serez ma fille comme il est mon fils. Je vous réunirai tous deux

8

sous mon aile et je vous défendrai du bec et des ongles, comme la poule défend ses petits... *Jésus mein Gott!* triple tonnerre! ma tête se détraque... me voilà poule couveuse à présent! Je ris et je pleure à la fois... Elle est si belle, si douce et si gracieuse, ma fille!... Et puis, mon fils est si brave, si honnête, si dévoué! Vous vous aimerez et vous m'aimerez. Quand nous serons seuls, tout seuls, vous m'appelerez votre père, n'est-ce pas? Et plus tard vos enfants... Oh! mais que vais-je dire là, moi? Ne m'écoutez pas; tenez, ne m'écoutez pas. J'ai le délire, j'extravague, et vous ne voudriez pas pour père de ce fou ridicule qu'on surnommait autrefois Tête-à-l'Envers!

Il se jeta sur un siége; des larmes abondantes vinrent le soulager à propos, car il suffoquait. Les jeunes gens s'étaient approchés de lui; chacun d'eux s'était emparé d'une de ses mains et la pressait en silence. Ils laissèrent au pauvre Nabab le temps de se calmer.

— Mon père, reprit enfin Maurice avec tristesse, pourquoi ce bonheur dont vous parlez ne pourra-t-il jamais se réaliser?

— Qui dit cela? répliqua brusquement Fleuriaux en relevant la tête.

— Vous oubliez donc...

— Élisabeth sera ta femme, entends-tu? Oui, elle sera ta femme, dussé-je, moi-même, tordre le cou à ce vieux coquin de Linguard... Mais, tu ne sais donc pas, Maurice? cette précieuse contre-lettre dont ta malheureuse mère, par excès de délicatesse, n'avait pas voulu faire usage, nous la possédons enfin! Linguard va perdre son assurance. Cette pièce, rédigée par un homme de loi habile, me donne des armes redoutables contre notre persécuteur. Je me défiais déjà de lui, en lui confiant ma fortune. Je lui imposai des conditions rigoureuses, et il fut obligé de les subir. Aujourd'hui je peux réclamer tous mes biens, capital et revenu, sans autre délai que le temps de faire reconnaître la signature... Oh! mes droits sont clairs et terribles! Linguard le savait bien quand il tremblait en ma présence; cette fois il aura raison de trembler, car je serai inexorable!

— Monsieur, répliqua Élisabeth avec embarras, les préjugés de ma mère contre Maurice...

— Votre mère? innocente enfant! Je ne voudrais altérer en rien votre indulgente tendresse pour elle; mais, soyez-en sûre, ses préjugés ne tiendront pas quand elle verra Maurice immensément riche, et Linguard ruiné... Je me fais fort, moi, d'obtenir le consentement de madame Meursanges.

— Que Dieu vous entende, mon père! s'écria Maurice.

Élisabeth pâlit tout à coup.

— Eh bien! monsieur, dit-elle d'une voix étouffée en désignant la fenêtre qui donnait sur la grand'route, si vous avez quelque influence sur M. Linguard et sur ma mère, hâtez-vous de l'exercer pour me protéger contre leur colère, car les voici.

En effet, Linguard et madame Meursanges, couverts de poussière et hors d'haleine, entraient en ce moment dans l'auberge, suivis de Christophe. Bientôt on entendit leurs voix retentir dans la salle basse, mêlées aux voix de Bécasson et de sa digne moitié. Élisabeth tremblait.

— Fuyez, Élisabeth, fuyez! murmura Maurice également

effrayé; vous pourrez vous échapper par la porte du jardin, et...

— Restez, ma fille, dit Fleuriaux.

L'escalier gémissait déjà sous des pas précipités. Maurice saisit un des pistolets de Fleuriaux.

— Je la défendrai jusqu'à la mort, s'écria-t-il en se plaçant devant la jeune fille, si cet indigne vieillard osait porter la main sur elle...

Fleuriaux lui arracha des mains l'arme meurtrière.

— Y songez-vous, Maurice? dit-il avec force, soyez calme et laissez-moi faire... seul désormais je veux être chargé de vos intérêts.

La porte s'ouvrit violemment, madame Meursanges et Linguard entrèrent dans la chambre. Leurs visages étaient enflammés de colère. Derrière eux, sur les premières marches de l'escalier, on apercevait Christophe et Bécasson, dont ils avaient cru devoir se faire accompagner par mesure de précaution.

En apercevant la jeune fille, Linguard ne put retenir un cri de triomphe :

— Ah! ah! ah! dit-il en ricanant, la voici donc enfin cette belle princesse fugitive qui vient réclamer l'assistance des chevaliers errants!

— Silence, monsieur! interrompit Fleuriaux avec autorité; il ne vous appartient pas d'élever la voix ici, vous n'avez aucun droit sur cette jeune fille; épargnez-vous donc les injures et les menaces.

Linguard, surpris, se tut.

— Et à moi, dit madame Meursanges aigrement, personne

ne me contestera, j'espère, le droit de traiter cette sotte créature comme elle le mérite?... Venez çà, cruelle enfant, ajouta-t-elle en saisissant la pauvre Élisabeth par le bras, vous nous avez causé une belle peur! Quitter sa mère et une maison honnête pour se réfugier dans un cabaret avec...

— Madame, dit Fleuriaux avec une sévérité imposante, si mademoiselle Élisabeth a fait une démarche répréhensible, la faute n'est pas à elle, mais à vous. Quand une mère aveugle, au lieu de défendre sa fille, la laisse exposée aux entreprises, aux insultes d'un misérable, il faut bien que la pauvre enfant se défende elle-même. Mais votre droit est sacré, madame, reprenez votre fille, personne n'osera vous la disputer par force... Seulement, sachez-le bien, heureusement pour elle, d'autres défenseurs plus zélés et plus clairvoyants que vous veilleront à sa sûreté!

Madame Meursanges subit sans répliquer cette verte réprimande ; peut-être quelque remords secret lui disait-il que ces reproches étaient mérités.

Cependant Linguard, un moment interdit, avait repris son assurance.

— Allons, dit-il d'un ton railleur, ces messieurs commencent, je crois, à mettre de l'eau dans leur vin ; ils ont compris, sans doute, l'inutilité de la résistance...

— Nous sommes modérés parce que nous sommes forts, dit Fleuriaux d'un ton grave, et si tu en doutes, Linguard, regarde !

En même temps il étalait d'une main la contre-lettre sur sa poitrine, et il étendait l'autre en avant pour empêcher le vieillard d'y toucher.

Linguard attacha un regard fixe sur le fatal papier, et il devint d'une pâleur affreuse ; il voulut s'approcher.

— Ne bouge pas! ne fais pas un mouvement, sur ta vie! s'écria Fleuriaux d'une voix tonnante; à cette distance, tu peux déjà reconnaître ta signature... Tu sais ce que cela veut dire... Tu as été inflexible pour les autres, je serai inflexible pour toi. Avant vingt-quatre heures tu me rendras tes comptes!

Linguard était atterré; cependant il essaya de balbutier :

— Cette pièce est fausse; elle a été fabriquée par vous!

— Tu diras cela à l'homme de loi à qui je vais la confier, avec ordre d'en faire usage de suite, répliqua Fleuriaux gravement. Maintenant tu peux partir; je ne te retiens pas; nous ne tarderons pas à nous revoir!

Madame Meursanges avait écouté attentivement cette rapide conversation.

— Que se passe-t-il donc encore, ami? demanda-t-elle à Linguard; quel est ce papier dont vous avez si grand'peur?

— Vous allez l'apprendre, madame, dit Fleuriaux avec fermeté. C'est un acte en vertu duquel les magnifiques propriétés provenant de ma famille, la Bastide-Rouge, les maisons de Marseille, les magnaneries, les champs, les pâturages, tout cela n'appartient pas à M. Linguard, mais à Maurice, que voici...

— A M. Longpré?

Ce nom fit froncer le sourcil au malheureux père.

— A M. Longpré ou à moi, c'est la même chose. Voyez maintenant, madame, si vous devez partir pour l'Italie, et donner la main de votre fille à un fripon ruiné.

— Ruiné! s'écria la veuve; ruiné! mais alors...

Linguard interrompit brusquement cette explication.

— Venez, ma bonne amie, dit-il avec vivacité ; on veut vous rendre dupe d'une imposture ! je vous expliquerai ceci tout à l'heure ; mais restons pas ici davantage.

— Cependant, monsieur, si vraiment vous étiez...

— On me croit blessé à mort, reprit Linguard en attachant sur Fleuriaux et sur Maurice un regard de défi ; mais, qu'on y prenne garde ! mes dernières convulsions pourront être fatales à mes ennemis... Monsieur Fleuriaux, monsieur Longpré, tout n'est pas encore fini !

Il entraîna les dames hors de la chambre ; Maurice voulut suivre Élisabeth : le Nabab le retint avec force. Les deux jeunes gens purent seulement échanger un signe d'adieu.

Le père et le fils étaient restés seuls. Maurice dit à Fleuriaux, devenu sombre et rêveur :

— Je vous ai obéi, mon père ; mais cet homme est maître du sort d'Élisabeth ; ses menaces ne vous font-elles pas trembler ?

— Non.

— Cependant il est poussé au désespoir, et, malgré sa lâcheté...

— Il est capable de tout, je le sais, même d'un crime.

— Alors, pourquoi avez-vous exigé qu'Élisabeth ?...

L'autorité maternelle devait être sacrée pour nous ; mais, ne crains rien, Élisabeth n'est pas abandonnée ; nous ne cesserons pas de la protéger !

— Et comment cela, mon père ?

— Tu le sauras; suis-moi... Nous allons à Marseille; et, Dieu soit loué! qui m'a laissé quelques louis dans ma bourse! Partons... d'ici à demain peut-être il nous faudra renoncer au sommeil!

Un moment après, le père et le fils se dirigeaient à grands pas vers la ville.

IX

L'enlèvement.

Le même soir, quelques heures seulement après le coucher du soleil, un homme, enveloppé d'un manteau, errait sur le rivage de la mer, en face de la Bastide Rouge. De grosses lames se brisaient contre les rochers avec un bruit sourd et périodique. La lune ne se montrait pas encore au ciel; mais, grâce à la pureté merveilleuse de l'air dans ce climat méridional, les étoiles répandaient sur la nature une lueur douce et pâle, assez semblable au crépuscule. La Méditerranée elle-même, incessamment agitée par la brise, semblait phosphorescente. Sur cette brillante surface, les anfractuosités de la côte, les pointes de rochers, les promontoires formaient des dentelures noires et irrégulières; au large on entrevoyait, comme dans un brouillard, des voiles légères s'élevant ou s'abaissant au caprice des flots.

Le personnage dont nous avons parlé, et qui n'était autre que Linguard, tenait les yeux obstinément fixés sur la mer, comme s'il eût voulu en compter les ondulations infinies. Armé d'une lunette de poche, tantôt il se promenait sur la grève sablonneuse, tantôt il grimpait sur les falaises d'où il dominait un vaste horizon. A ces gestes brusques, à ses exclaclamations brèves, on jugeait que l'impatience commençait à le gagner.

Enfin, cependant il resta immobile, examinant, au moyen de sa longue vue, un même point de la mer. Entre le rivage et une étroite bande de terre qu'on eût prise pour une de ces îles dont est semé le littoral de Marseille, il avait cru apercevoir la forme d'un navire; mais, s'il ne s'était pas trompé, ce navire devait être bien petit ou porter bien peu de voiles, pour se cacher ainsi dans l'enfoncement formé entre les lames.

Linguard ramassa un caillou, et, le frappant avec un briquet de fer, il en tira quelques étincelles. Aussitôt ce signal fut répété au large par une main invisible.

— Les voici enfin! murmura le vieillard en poussant un soupir de satisfaction ; quand la felouque a ferlé ses chiffons de voiles, on ne la voit plus à trente pas de distance! Bon navire pour la contrebande... Allons! il n'y a pas trop de temps de perdu, et si je ne conservais pas d'inquiétudes au sujet de ces sottes femelles... Mais, bah ! je mènerai à bien mon hardi projet. Je n'ai plus rien à ménager... un dernier effort!

Pendant ce monologue, la felouque s'était rapidement approchée du rivage. Sa coque s'élevait à peine au-dessus du niveau des vagues; mais, avec un peu d'attention, on distinguait ses mâts élancés et le réseau compliqué de ses cordages. Une seule voile, à peine plus large que le mouchoir de poche d'une dame, servait à la diriger par cette forte brise.

Bientôt le navire s'arrêta et mouilla un grappin, quoique le choc en retour des vagues dût paraître suffisant pour le tenir écarté de la côte. Un moment après, une légère embarcation, véritable coquille de noix, bondissait à la crête des lames; elle était montée par deux rameurs; un autre homme se tenait au gouvernail.

Linguard s'avança précipitamment vers le point du rivage où elle allait aborder.

— Est-ce vous, patron? demanda-t-il d'une voix forte, qui s'entendit distinctement malgré le bruit du ressac.

— Oui, oui, répliqua-t-on.

La barque échoua sur le sable, et le patron sauta à terre.

— A quoi vous amusiez-vous donc? dit Linguard, nous devrions déjà avoir gagné le large.

Le patron, avant de répondre, jeta sur la mer un regard attentif.

— Triple tonnerre! monsieur, ce n'est pas ma faute, dit-il enfin; vous m'aviez recommandé d'être prudent et de venir par ici sans être vu de personne. Or, le diable lui-même s'est mis à observer ma marche.

— Le diable?

— Que sais-je? Une grande barque, montée par des inconnus, nous a suivis obstinément depuis l'anse de la Joliette. Au moment où nous commencions à faire route, je l'ai vue hisser sa voile et s'avancer gaillardement dans notre sillage. Nous avons viré de bord, elle a viré de bord. Las de cet espionnage, j'ai laissé porter directement sur elle, mais alors, la coquine a bordé une douzaine d'avirons et elle a été bientôt hors de vue. J'ai repris ma route et, comme j'ai amené toutes mes voiles, sans doute elle nous aura perdus dans l'obscurité.

— Bah! bah! vous vous serez effrayé de votre ombre, patron; quelque pêcheur de votre connaissance aura voulu s'amuser à vos dépens, en se faisant donner la chasse!

— C'est possible; mais si je tenais le mauvais plaisant!... Ce n'est pas, j'en suis sûr, la patache de la douane, et je ne comprends pas comment, par un temps pareil... Mais, foudre d'enfer! ajouta-t-il en étendant précipitamment le bras vers la mer, la voici encore!

— Où donc?

— Là, là, en droite ligne avec cette étoile qui plonge par moments dans l'eau... Mais non, ajouta-t-il aussitôt en laissant retomber sa main, je me serai trompé : tout a disparu. D'ailleurs, reprit-il d'un ton insouciant, qu'aurions-nous à craindre? Nous n'avons rien de *sujet aux droits* à transporter cette nuit, j'imagine?

— Sans doute, sans doute. Cependant je n'aime pas plus les espions que vous, patron ; et notre expédition de cette nuit exige le plus grand secret.

— Aucun de mes gens n'a jasé au cabaret, je les ai consignés à bord toute la journée.

— A merveille... Ah çà! patron, j'entends agir sur le navire absolument comme il me plaira. Quoi que vous voyez, quoi que je fasse, vous et vos gens vous m'obéirez sans mot dire!

— C'est bon, c'est bon... vous êtes notre armateur; nous vous appartenons corps et âme.

— Au premier port d'Italie où nous aborderons je vous récompenserai comme il faut, patron. Je quitte la France, mais je ne la quitte pas les mains vides; vous comprenez?

Et Linguard fit entendre un petit ricanement significatif.

— Eh bien! donc, finissons-en, dit brusquement le Corse; vous avez sans doute des bagages à emporter?

Linguard lui montra plusieurs ballots masqués par une pointe de rocher. Sur un signe de leur chef, les deux rameurs, dont l'un était notre ancienne connaissance Sampinelli, les transportèrent dans l'embarcation.

— Est-ce tout? demanda le patron.

— Allons donc! Vous savez bien que nous avons des passagers à prendre? Vous et Sampinelli, vous allez me suivre à la Bastide-Rouge.

— Pourquoi faire?

— Déjà des questions! N'avez-vous pas promis d'obéir aveuglément?

— Soit; mais dites-moi, monsieur, reprit le marin d'un ton sombre, le Nabab est-il toujours à la Bastide?

— *Santa Madonna!* s'écria Sampinelli avec vivacité; allons-nous encore en venir à l'abordage avec lui?

— Pourquoi cela, mes braves?

— Parce que j'enverrais Sampinelli chercher mes pistolets...

— Et moi, je ne voudrais pas, pour une mine d'or, me trouver face à face avec ce gredin-là! ajouta Sampinelli; miséricorde! J'ai été couvert d'emplâtres, pendant huit jours, des coups de poing qu'il m'a donnés; cette fois il m'achèverait !

— Ne craignez rien, l'un et l'autre, dit Linguard avec un sourire, celui dont vous parlez n'est pas à la Bastide-Rouge, et il ne pense pas à vous... Suivez-moi donc, car nous perdons un temps précieux.

Tout en parlant il se dirigea vers la vallée étroite et boisée où s'élevait sa demeure. Le patron resta en arrière pour regarder la mer avec une attention minutieuse; n'apercevant rien de nature à exciter ses inquiétudes, il rejoignit Sampinelli, et tous les deux suivirent Linguard.

Celui-ci traversa une grève humide que recouvraient en partie les faibles marées de la Méditerranée; un sentier assez roide, serpentant au milieu des rochers, les conduisit en peu d'instants dans la vallée même. Là des plantations projetaient une ombre épaisse; il fallait une grande habitude des localités pour ne pas se heurter contre les blocs de schiste ou les troncs d'arbre. Mais Linguard n'avait pas à craindre ce danger; il poursuivait sa marche du pas ferme et assuré d'un homme qui avait bien fait des fois la même route par des nuits plus noires encore. Il arriva ainsi à une petite porte cachée dans la muraille, et l'ouvrit au moyen d'une clef qu'il tira de sa poche; puis, laissant cette porte ouverte afin que le patron et Sampinelli pussent entrer, il pénétra dans le jardin de la Bastide.

Le plus profond silence régnait autour de la maison. Une lumière brillait à la fenêtre des dames Meursanges; toutes les autres fenêtres étaient fermées et obscures. Le vent, si fort dans le voisinage de la mer, agitait à peine le feuillage. Linguard s'arrêta un moment pour examiner à la lueur vague qui venait du ciel les vastes bâtiments de la Bastide.

— C'est pourtant une belle propriété! murmura-t-il tout pensif; et l'on eût pu vivre tranquille ici avec cette sotte fillette, si elle eût voulu être raisonnable... Mais ne pensons pas à cela. On m'a poussé à bout, on m'a trompé, on m'a insulté... Eh bien! demain ils viendront réclamer, l'un son héritage, l'autre sa fiancée!

Il sourit avec ironie, et s'avança résolûment vers la maison. En traversant la salle basse, il donna à Christophe l'ordre d'aller l'attendre au rivage; puis il gravit l'escalier dans l'obscurité et parvint à la chambre des dames Meursanges.

Cette chambre, faiblement éclairée, était encombrée de paquets et de valises. Cependant la mère et la fille n'étaient pas encore en costume de voyage.

— Eh bien! eh bien! dit Linguard avec une impatience fébrile, on vous attend et vous n'êtes pas encore prêtes?... Ah! ma bonne dame Meursanges, vous m'aviez promis d'être exacte à l'heure, et je vous trouve encore en train de faire des paquets!

— Nous ne les faisons pas, ami, répliqua la veuve d'un petit ton sec et dégagé, nous les défaisons plutôt. J'ai changé d'avis; nous ne partons pas avec vous.

Linguard tressaillit.

— Vous ne partez pas? répéta-t-il d'une voix altérée.

— Oui, ami, Élisabeth a tant prié, tant pleuré... C'est ma fille, après tout, c'est ma fille unique; il faut bien lui céder quelquefois. D'ailleurs, vous le savez, je crains beaucoup la mer; c'est plus fort que moi, je ne peux pas vaincre ma répugnance. Mais ne vous gênez pas; si vos affaires vous obligent à quitter le pays, nous ne voudrions pas déranger vos projets.

Linguard la regarda fixement. Jamais madame Meursanges ne lui avait parlé de cet air dédaigneux.

— Allons! reprit-il, Élisabeth vous aura répété les mensonges inventés par ses dignes amis. Vous craignez, madame, d'attacher votre sort à celui d'un homme ruiné!

— Écoutez donc, ami, Élisabeth m'a conté, en effet, une histoire assez singulière. Il y a bien de quoi faire réfléchir une mère disposée à bien placer sa fille! Si vraiment la Bastide-Rouge, et les maisons de Marseille, et les beaux domaines de la Crau appartenaient à ce drôle de corps de M. Fleuriaux...

— Avare et stupide créature! interrompit Linguard avec indignation; mais ignorez-vous donc que j'emporte avec moi des valeurs considérables dont personne ne peut me contester la possession? Faut-il vous avouer...

— Gardez vos richesses, monsieur, et employez-les à un bon usage, dit Élisabeth d'un ton assuré en venant au secours de madame Meursanges; mais, puisqu'une fois ma mère a bien voulu condescendre à ma prière, je ne vous suivrai pas, dussé-je mourir!

— Mourir est un peu fort, reprit la veuve; mais j'entends être maîtresse de ma fille et de moi-même. On ne fera rien contre ma volonté, j'espère?

— Vous croyez cela? s'écria Linguard en fureur; au point où j'en suis venu, des jérémiades de femmes ne m'arrêteront pas. Je m'attendais à cette sotte résistance, et j'ai pris mes précautions en conséquence... Vous allez apprendre à me connaître.

Ouvrant la fenêtre, il appela le patron et Sampinelli, qui attendaient dans le jardin. Les pauvres femmes, tremblantes, voulurent implorer sa pitié; il ne leur répondit pas. Au bout d'un instant les deux Corses entrèrent.

— Mes amis, dit Linguard, voici nos passagères. Elles font des simagrées pour venir à bord; vous savez sans doute comment on s'y prend en pareille circonstance?

— Oui, oui, dit le patron d'un air farouche.

— Du moins, grommela Sampinelli, on n'a pas à craindre, avec de pareils ennemis, des coups de poing comme ceux du Nabab!

— Allons, ne lanternons pas, dit Linguard brutalement. Patron, chargez-vous de la jeune; et toi, Sampinelli, tu me réponds de la mère. Je devrais peut-être, ajouta-t-il d'un air de réflexion, laisser ici cette vieille folle, qui nous gênera... Mais décidément, non; elle mettrait demain tout le pays en révolution, et l'on pourrait... Emmenez-la donc; nous nous en débarrasserons le plus tôt possible.

Chacun des deux Corses saisit une dame par le bras; madame Meursanges criait, pleurait et se débattait vainement contre Sampinelli; mais Élisabeth sentit l'inutilité de toute résistance; elle dit seulement à sa mère, avec désespoir :

— Comprenez-vous enfin quel est l'homme à qui vous vouliez unir mon sort?

Pour couper court à ces plaintes, Linguard se saisit de la lumière et ordonna aux Corses de le suivre avec leurs prisonnières. D'abord elles refusèrent de marcher; mais on leur adressa d'effroyables menaces, et elles obéirent. Madame Meursanges poussait toujours des cris perçants.

Quand on arriva à la porte de la maison, Linguard s'arrêta.

— Continuez votre route, dit-il à ses gens : je vous rejoins à l'instant. Si elles refusent de marcher, portez-les dans vos bras; si elles crient trop fort, fermez-leur la bouche avec un bâillon... Mais allez, allez vite ; je vous suis.

Les contrebandiers entraînèrent les pauvres femmes. Linguard resta un moment immobile sur le seuil de la porte, écoutant les cris étouffés de madame Meursanges et les faibles gémissements d'Élisabeth; ils s'éteignirent bientôt dans le silence de la nuit.

— Bah! bah! elles s'apaiseront! murmura-t-il d'un ton sombre ; et maintenant, achevons ma vengeance!

Il rentra dans la maison. Au bout de cinq minutes, il sortit précipitamment, comme effrayé de ce qu'il venait de faire, et il referma la porte sur lui; puis sans tourner la tête, il prit sa course à travers le jardin et gagna la campagne.

Les cris lointains de madame Meursanges servirent d'abord à le guider dans l'obscurité. Ces cris pouvaient donner l'alarme dans les bastides voisines; mais bientôt ils furent couverts par le fracas de la mer. Linguard doubla le pas, et il atteignit le lieu de l'embarquement en même temps que les prisonnières.

Elles ne songeaient même plus à la résistance. Cette nuit sombre, ce rivage désert, cette mer écumeuse et bruyante, cette frêle embarcation sur laquelle on allait les placer, et qui semblait devoir se briser au premier choc du redoutable élément, ces lames énormes rebondissant à leurs pieds, toute cette scène grandiose et terrible les avait frappées de stupeur. Élisabeth priait, madame Meursanges fermait les yeux en poussant des sanglots. Leurs gardiens les prirent dans leurs bras, et, se mettant à l'eau jusqu'à la ceinture, ils les placèrent dans la barque où se trouvaient déjà Christophe et l'autre rameur. Il fallut rendre le même service à Linguard, qui, malgré la gravité des circonstances, se souciait médiocrement d'exposer à un rhume sa précieuse personne; puis ils sautèrent eux-mêmes dans le canot et se mirent à ramer avec vigueur pour gagner la felouque, mouillée à quelques encâblures du rivage.

Après avoir lutté un instant avec les hautes lames, l'embarcation atteignit enfin le navire, non sans que les dames, dans ce mouvement d'ascension et de descente rapide, n'eussent craint vingt fois de la voir s'abîmer. Le patron grimpa lestement à bord; les dames et Linguard furent transportés à bras sur le pont et conduits dans la cabine à l'arrière de la felouque; puis, le canot ayant été suspendu à sa place ordinaire, on se prépara à lever le grappin et à déployer les voiles.

Pendant que les marins s'occupaient de ces soins divers, le patron écoutait le rapport d'un des hommes de l'équipage et observait avec inquiétude une masse noire ballottée par les flots à quelque distance de la felouque.

— C'est encore cette infernale barque! grommela-t-il en proférant un effroyable blasphème. Il n'y a plus de doute : c'est à nous qu'elle en veut!... Voyons, essayons encore de lui tourner les talons. Coupe le cablot! commanda-t-il à l'équipage d'une voix forte, au diable le grappin ! Pare à courir au plus près et détalons vivement.

En cinq minutes, les voiles furent déployées et orientées; le petit navire commença à manœuvrer pour gagner le large. Le patron, appuyé sur le plat-bord, observait toujours l'objet suspect, à peine visible au milieu des vagues furieuses.

— Ma foi! dit-il enfin en jurant, je ferai mon possible pour l'éviter; si je ne peux y parvenir, Linguard s'arrangera. Je ne suis pas intéressé dans la cargaison, moi! je ne dois pas être responsable des avaries.

Et le philosophe patron demanda au mousse un verre de vin et sa pipe.

Linguard et les deux dames, comme nous l'avons dit, s'étaient retirés dans la cabine. Les pauvres femmes, encore frappées d'épouvante, se tenaient étroitement embrassées sans oser bouger. Linguard, plus familier avec la mer, les raillait méchamment de cette frayeur. La prudence ne permettait pas de se servir d'une lumière si près des côtes; mais, au son ferme de sa voix, à son ricanement joyeux, on devinait que ses traits devaient exprimer la joie du triomphe.

— Eh bien! mes petites poulettes, demanda-t-il d'un ton moqueur, il sera donc possible de vous apprivoiser? Les femmes perdent un peu de leur fierté quand on les tient enfermées dans un bon navire sur quelques brasses d'eau salée... Mais où êtes-vous donc, ma jolie Élisabeth? continua-t-il en avançant la main dans l'obscurité; vous ne me gardez pas rancune, je l'espère, pour cette espièglerie?

La jeune fille poussa un gémissement et se rejeta vivement

en arrière; Linguard devina d'instinct le profond dégoût qu'il inspirait.

— C'est bon, c'est bon! dit-il d'un ton dur; il vous est permis encore de faire la sucrée, mais une fois en pleine mer...

En ce moment, le patron appela Linguard du dehors. Linguard s'empressa de sortir; un colloque rapide eut lieu près de la porte de la cabine.

— Voilà un fâcheux contre-temps! dit enfin l'ancien commis avec un accent d'inquiétude. S'il n'y a réellement aucun moyen de les éviter, sachons enfin ce qu'ils nous veulent. Il doit y avoir là-dessous quelque méprise, car personne ne peut traverser mes projets... Eh bien! patron, chargez-vous de répondre; vous savez ce qui a été convenu?

— Oui, oui, monsieur.

Le patron s'éloigna. Linguard rentra alors dans la cabine et ferma la porte sur lui; puis, faisant craquer la batterie d'un pistolet, il dit d'une voix étouffée :

— Mesdames, ce n'est pas le moment d'être galant. Si donc, d'ici à dix minutes vous poussez un cri, une plainte, je vous brûlerai la cervelle comme à des hommes, je vous en avertis... ainsi, soyez sages!

— Oh! mon Dieu! s'écria Élisabeth, viendrait-on à notre secours?

— Silence!

— La peur de la mort ne m'empêchera pas...

— Si vous ne craignez pas la mort pour vous, vous la craindrez du moins pour votre mère... Au premier cri sorti de votre bouche, elle tombera à vos pieds.

9.

— Ne parle pas, ne dit pas un mot! murmura madame Meursanges en frissonnant; ma fille, ma chère enfant! tu entends notre bon ami? Tu ne voudrais pas causer la mort de ta mère!

Élisabeth la serra dans ses bras; toutes les deux restèrent immobiles et silencieuses.

Cependant une grosse barque, construite pour aller également à la voile et à la rame, s'était avancée vers la felouque à portée de la voix; c'était son apparition subite qui avait donné l'alarme au patron. Comme la felouque, elle n'avait aucune lumière à bord; mais elle semblait montée par un grand nombre d'hommes et manœuvrée avec une extrême habileté.

Un homme, debout sur l'avant, héla la felouque, demanda le nom de l'armateur, le point de départ du navire et le lieu de sa destination. Le patron, après s'être assuré que ce personnage dont on entrevoyait à peine la silhouette, était un officier du port de Marseille, répondit par une fable fort ingénieusement imaginée et d'une apparence très-probable.

Cet interrogatoire terminé, une vive discussion parut s'élever à bord de la barque inconnue. L'officier, trouvant les réponses satisfaisantes, était d'avis de laisser la felouque continuer tranquillement sa route; mais deux autres personnes soutenaient avec chaleur une opinion contraire.

Le débat s'animait et, pendant ce temps, la felouque continuait sa route. Elle allait peut-être s'échapper, quand tout à coup une flamme immense, s'élevant du rivage, projeta au loin un reflet lumineux sur la mer agitée et vint éclairer les deux navires.

— Je savais bien que nous ne nous trompions pas, s'écria un des interlocuteurs de la barque; monsieur l'officier, je reconnais parfaitement le patron de ce bâtiment : je l'ai vu de bien près en certaine circonstance, et ses traits sont gravés dans ma mémoire.

— La Bastide-Rouge est en feu! s'écria une autre voix d'un ton d'épouvante; Linguard doit être réfugié à bord de cet infernal navire.

— A vos rames! mes amis, à vos rames! s'écria le premier interlocuteur, en qui nos lecteurs ont sans doute déjà reconnu Fleuriaux; accostons ce forban, et sachons ce qu'il a dans le ventre.

Les avirons tombèrent dans l'eau tous à la fois et donnèrent une vigoureuse impulsion à la barque.

— Messieurs! s'écria l'officier, ceci est illégal; nous n'avons pas le droit de monter ainsi à bord, à moins...

— Monsieur, dit Fleuriaux avec fermeté, il y a certainement sur ce bâtiment un homme que j'ai dénoncé comme un fripon, et que je dénonce maintenant comme un incendiaire. Si je me trompe, je prendrai la responsabilité de mon erreur... Allons, mes vieux camarades de *la Minerve*, un bon coup d'aviron pour Tête-à-l'Envers, et à l'abordage!

On entendit un coup sec, et les deux navires se touchèrent; les gens de la barque, Fleuriaux en tête, grimpèrent lestement sur la felouque, Mais, malgré leur agilité, quelqu'un les avait tous précédés : c'était Maurice.

En voyant leur pont envahi par ces étrangers, les marins de la felouque, inférieurs en nombre du reste, semblaient frappés de stupeur. Cette agression subite rendait toute résistance impossible. Bientôt les deux équipages se confondirent, et, dans l'obscurité, il eût été difficile de reconnaître les hommes de l'un et de l'autre. On criait, on s'invectivait mutuellement, mais aucun coup n'avait été frappé.

Au milieu de tumulte, Maurice et Fleuriaux couraient d'un air inquiet.

— Il y a des dames ici! criait Maurice avec égarement; où sont-elles? misérables drôles, qu'en avez-vous fait? Élisabeth! ma chère Élisabeth, où êtes-vous?

— Où est cet infâme brigand de Linguard? criait Fleuriaux de son côté; où est-il ce maudit contrebandier, ce brûleur de maisons, ce ravisseur de filles? Est-il allé se cacher dans la cale avec les souris de cette vilaine coque à pirates? Voyons, matelaches, m'indiquerez-vous où est mon homme?... Et toi, coquin, parleras-tu?

Son redoutable poignet s'abattit sur l'omoplate d'un Corse qui se trouvait près de lui, bien à contre-cœur, car le battu était Sampinelli. Le pauvre diable, terrassé du coup, tomba à genoux devant lui, et s'écria d'un ton lamentable en joignant les mains :

— *Santa Madre di Dios!* ne me tuez pas, épargnez-moi, signor Nabab! Encore un coup pareil, et vous aurez tué le meilleur chrétien de la paroisse de Corte!

— Tiens! c'est toi, mon vieux camarade? dit Fleuriaux avec bonhomie; décidément tu es né pour recevoir toutes les tapes d'amitié que je distribue autour de moi... Prends-y garde, mon ami; tu laisseras tes os à ce jeu-là, je t'en avertis!

En ce moment, la porte de la cabine s'ouvrit; un homme

pâle, tenant un pistolet à chaque main, parut sur le pont. Maurice l'aperçut le premier.

— Linguard! s'écria-t-il d'une voix forte.

Et il s'élança. Mais aussitôt une voix perçante l'appela. Élisabeth et sa mère se montrèrent dans l'ombre. Maurice, oubliant son mortel ennemi, courut vers les deux femmes. Il reçut Elisabeth presque évanouie dans ses bras ; madame Meursanges elle-même, toute tremblante de joie, l'accueillit comme un libérateur, et se cramponna à ses vêtements.

Cependant Fleuriaux, à l'autre extrémité du navire, avait entendu l'exclamation de Maurice.

— Linguard, répéta-t-il d'un ton railleur, où est-il? Que personne n'y touche avant moi... J'en veux double ration... Je demande à être servi avant la justice, *bei gott!*

Il se frayait passage des mains et des coudes au milieu des marins; tout à coup un homme de haute taille se dressa devant lui.

— Un moment, signor Nabab, dit la voix rude du patron ; je vous dois aussi quelque chose, moi !

Il leva sa main armée d'un stylet; Fleuriaux fit un saut en arrière et se tint en garde.

— Ah! c'est Votre Grâce, caballero ? dit-il tranquillement; fort bien! mais je n'ai pas le temps de jouer de la navaja. Ayez la complaisance d'attendre un petit quart d'heure seulement, et je serai votre serviteur.

— Mille peaux du diable ! je ne veux pas attendre.

— Allons donc, mon ami, vous êtes pressé comme le vent... Eh bien ! moi je suis aussi pressé d'avoir mon fripon de Linguard. Où est-il, où est-il?

— Il est là, dit une voix sourde à quelques pas; tu as tout le bonheur aujourd'hui; mais du moins tu n'en jouiras pas.

Un coup de feu partit : un homme tomba en poussant un faible gémissement.

— Je suis vengé ! s'écria Linguard avec un ricanement infernal, au diable le reste !

Il s'élança sur le bordage du navire, et se précipita dans les flots.

Ces événements s'étaient passés très-rapidement; les marins de l'un et de l'autre équipage n'avaient pu les prévenir. Cependant, au bruit de la chute de Linguard, plusieurs personnes s'écrièrent à la fois, comme entraînées par l'habitude:

— Un homme à la mer! Vite une barque!

— C'est inutile, dit Élisabeth d'un ton solennel en étendant les bras vers ces tourbillons d'écume où venait de disparaître son persécuteur. D'ailleurs cette mort sauve un grand coupable du bagne ou de l'échafaud.

Mais Maurice ne s'occupait pas de Linguard.

— Il l'a tué! s'écriait-il avec désespoir en courant vers l'homme renversé; il a tué mon malheureux...

— Qui ça? dit Fleuriaux d'un ton railleur en se montrant tout à coup; ce n'est pas moi, j'espère? Linguard, ce vieux sot maladroit, n'a sans doute jamais touché la détente d'un pistolet, car il a logé par-dessus ma tête une balle dans le front de ce pauvre diable de patron... Ayez donc des amis!

Maurice n'osait croire à tant de bonheur; son regard allait du corps sanglant du patron aux traits calmes et souriants de son père. Ne pouvant parler, il se jeta dans les bras de Fleuriaux.

Quelques moments après, les deux navires voguaient de conserve pour rentrer dans le port de Marseille. L'officier qui avait prêté à Fleuriaux l'appui de l'autorité légale s'était fait rendre compte des événements ; il avait jugé à propos de s'emparer de la felouque et de la conduire en fourrière jusqu'à ce que cette sombre affaire fût éclaircie. Grâce aux révélations des victimes de Linguard, les investigations de la justice ne devaient être ni longues, ni difficiles.

Élisabeth et Maurice, assis à l'arrière de la felouque, se livraient au bonheur de se retrouver, à l'espérance de ne plus se quitter. A quelques pas, madame Meursanges causait avec Fleuriaux ; celui-ci, à demi couché sur un paquet de cordes, regardait philosophiquement les flammes dévorer la Bastide-Rouge sur le rivage. La bonne dame parut surprise de cette indifférence.

— Vous faites là une grande perte, monsieur Fleuriaux, dit-elle ; car, à ce qu'il paraît, la Bastide était bien à vous... C'était une belle habitation, et...

— De quoi parlez-vous, ma chère? de cette vieille bicoque? Bah! je l'eusse démolie un de ces jours, n'eût été mon respect pour les souvenirs de famille. On la reconstruira, et elle sera dorée du haut en bas comme la pagode de Jagrenah!

— Vraiment, monsieur Fleuriaux, dit madame Meursanges avec son plus gracieux sourire ; vous êtes donc bien riche?

— Pas mal comme ça ; Linguard n'a pu emporter le plus solide... Nous vivrons encore dans l'opulence, nous et nos enfants, maman Meursanges!

— *Nos* enfants? répéta la vieille dame en pinçant les lèvres.

— Quoi! madame, s'écria impétueusement Maurice, ignorez-vous que M. Fleuriaux est mon...

— Votre ami, Maurice! interrompit Fleuriaux d'un ton grave et triste; seulement votre ami... Cependant, ajouta-t-il en souriant et en regardant finement les deux amoureux, voyez comme l'on change! nos jeunes gens, si fiers et si délicats il y a quelques jours, ne rougiront plus d'accepter la donation de tous mes biens quand nous signerons leur contrat de mariage... car nous le signerons bientôt, n'est-ce pas, maman Meursanges?

— Il le faudra bien, dit la bonne dame avec un soupir, puisque décidément M. Maurice Longpré mérite l'estime et la considération!

Fleuriaux sourit, les jeunes gens se serrèrent la main, et le navire entra dans le port.

FIN DE LA BASTIDE-ROUGE.

LE MURIER BLANC.

I

La famille Guingret

Pendant les premières années de l'empire, Pierre-Anselme Guingret était un petit marchand de draps, honnête et obscur, dont la boutique était située dans la rue Royale, à Orléans. Resté veuf de bonne heure avec deux filles, il maria l'aînée à un jeune homme riche qui cherchait dans le mariage un refuge contre la terrible conscription de cette époque. Quant à la cadette, trop jeune encore pour qu'on songeât sérieusement à l'établir, Guingret lui donna la surintendance de la maison et du magasin. La pauvre enfant s'acquitta avec zèle et intelligence des fonctions qui lui étaient confiées; aussi son père, reposant sur elle et sur un vieux commis du soin de ses affaires, chercha-t-il un nouvel aliment à son activité et devint ambitieux.

Comme tous les petits marchands, qui, à force de constance

et d'économie, ont acquis un peu d'aisance, il prit, un beau jour, fantaisie à Guingret d'être propriétaire foncier. Il tira de sa caisse quelques milliers de francs qui n'étaient pas d'une absolue nécessité dans son commerce, et acheta, dans le faubourg Saint-Marceau, plus connu sous le nom du faubourg d'Olivet, aux portes mêmes d'Orléans, une maisonnette avec le jardin et le clos attenant; il est vrai que cette humble propriété, à cause de la modicité de son prix, ne pouvait être que de pur agrément; mais Guingret, qui se piquait d'être bon spéculateur, se fit fort d'en retirer au moins l'intérêt de ses déboursés. Dès lors toutes ses pensées se tournèrent vers cet objet.

Cependant, ce fut vainement qu'on arracha les fleurs des plates-bandes pour former du jardin entier quatre grands carrés, l'un de choux, l'autre d'artichauts, le troisième de haricots, et le quatrième, enfin, de pois verts, avec des bordures utilitaires de ciboule et d'oseille; ce fut vainement qu'on fit vendre au marché les fruits que produisaient les arbres du clos, et que Guingret gardait comme le dragon gardait les pommes d'or des Hespérides; les moineaux, les chenilles et le jardinier mangeaient le plus net du revenu du jardin, et, après une année de possession, l'honnête marchand fut forcé de convenir avec lui-même, sinon avec les autres, qu'il avait fait, en achetant cette petite borderie, *une mauvaise spéculation*.

Le jardin contenait pourtant un trésor dont la valeur ne tarda pas à se révéler; ce trésor, auquel Guingret dut sa célébrité, était un mûrier blanc. Un des prédécesseurs du digne marchand de draps avait planté cet arbre bienheureux dans la prosaïque et naïve intention de récolter des mûres quand le mûrier aurait grandi ; or, le mûrier avait grandi, et, en raison de la rigueur du climat, n'avait jamais produit de mûres mangeables. Aussi avait-on été sur le point de le couper et de le jeter au feu, suivant le précepte de l'Evangile à l'égard des arbres qui ne produisent pas de bons fruits. Mais il arriva, une certaine année, qu'il fut de mode, dans la bonne ville d'Orléans, d'élever chez soi des vers à soie, mode aujourd'hui si répandue dans toute la France. En temps de guerre, la partie paisible d'une nation tourne volontiers au pastoral ; la population d'Orléans, afin de faire diversion aux bulletins de victoires, se prit d'une belle admiration pour ces humbles insectes, à qui le luxe doit tant de merveilles et dont l'existence offre tant de phases intéressantes.

On sait que les vers à soie se nourrissent exclusivement de de feuilles de mûrier ; lorsque cette fureur entomologique souffla sur la ville que défendit Jeanne d'Arc, les arbres de cette espèce étaient excessivement rares aux environs ; quelques pépiniéristes seulement avaient des mûriers, mais jeunes et aussi avares de feuilles que de fruits. Ces ressources furent bientôt épuisées ; avant la fin de la saison, les mûriers des pépiniéristes étaient dénués de verdure ; on avait coupé jusqu'aux bourgeons ; les vers à soie de la ville étaient menacés de mort par famine.

Au moment où la consternation régnait dans le chef-lieu du Loiret, où les nourrisseurs de tous genres, femmes, enfants, curieux, voyaient avec tristesse leurs chers élèves, faibles et affamés, s'agiter sur leurs dernières feuilles desséchées, on apprit tout à coup que, dans le faubourg d'Olivet, il y avait un mûrier immense, haut comme le plus haut des ormes de la promenade publique. Cette nouvelle produisit, dans un certain monde, autant de bruit qu'eût pu faire un événement politique; on s'agita, on s'informa, et on apprit enfin que Guingret était le propriétaire de l'arbre prédestiné. On se porta en foule à son magasin, on sollicita, on cajola, on fit des offres réelles, et ce fut au milieu de ce concours de demandeurs que Guingret proclama un tarif inexorable d'*un liard chaque feuille de mûrier*.

Comme il est facile de le penser, on jeta les hauts cris; ce prix était exorbitant. Mais que faire? Fallait-il donc laisser périr ces pauvres petites bêtes qui avaient déjà coûté tant de soins et d'inquiétudes à leurs maîtres? Fallait-il renoncer à l'espoir de posséder un écheveau de soie qu'on aurait vu fabriquer sous ses propres yeux? Bref, le tarif de Guingret fut accepté, et l'abondance revint pour les vers à soie opulents : les pauvres, les vers à soie d'enfants et de bourgeois avares périrent; mais cela ne regardait pas Guingret : ce n'était pas pour ceux-là qu'on avait planté son mûrier.

A partir de ce moment, le jardin du marchand de draps acquit un renom merveilleux; du matin au soir il se présentait, pendant la saison des vers à soie, une foule de chalands de tout âge et de tout sexe, pour assister à la distribution de feuilles qui se faisait par le ministère de Poitevin, le jardinier, et sous la surveillance immédiate de Guingret. Bientôt la célébrité qui s'attachait au jardin s'étendit au propriétaire; le nom de Guingret fut aussi connu de ses concitoyens que celui de Jeanne d'Arc elle-même. Il était devenu presque un homme public, comme son mûrier était devenu un monument public. Il avait le droit de traverser la ville avec un artichaut monstre à la main, sans que personne fût tenté de glosser sur son compte. Lorsqu'on le voyait s'acheminer gravement le soir et le matin vers le faubourg d'Olivet, avec sa casquette de loutre, sa longue redingote brune et son pantalon de nankin, les passants se le montraient les uns aux autres en disant avec une sorte de respect :

— Voilà M. Guingret qui va à son jardin !

Guingret se rendant à son jardin était, à cette époque, une des curiosités d'Orléans.

Tous les dimanches le magasin de Guingret était rigoureusement fermé; ces jours-là le digne marchand et sa famille étaient au jardin, d'où ils ne revenaient que le lundi matin; il fallait que les pratiques s'arrangeassent en conséquence. On passait le temps à jouer aux quilles sur une terrasse qui longeait le faubourg, et se montrer sur cette terrasse était déjà un avantage fort recherché. Le soir il y avait un souper de famille. A la vérité, ce souper ne se composait d'ordinaire que d'un morceau de porc froid, d'œufs durs et de salade, sans compter le fromage indigène et le vin du crû; mais tout frugal que fût ce repas, il empruntait du prix à la difficulté qu'on éprouvait à s'y faire admettre. Aussi d'honnêtes bourgeois, qui, n'ayant point de jardin à eux, n'étaient pas fâchés de profiter du bien-être de leur voisin sans en avoir les charges, briguaient-ils l'honneur insigne d'être admis à la villa Guingret. Ces dimanches étaient des jours de bonheur pour Agathe, la fille cadette de Guingret. Pendant la semaine, elle ne quittait pas le comptoir paternel et ne connaissait d'autres plaisirs que ces plaisirs hebdomadaires. D'ailleurs c'étaient les seuls moments qu'elle pût passer près de sa sœur et de son beau-frère, qui assistaient habituellement à ces réunions, et Agathe et Honorine, quoique séparées, avaient toujours conservé l'une pour l'autre la plus tendre affection.

Or, le jour de la Pentecôte 1810, il devait y avoir réception solennelle au jardin. Le temps était magnifique ; le ban et l'arrière-ban des habitués avaient été convoqués pour ce jour-là et pour le lendemain, car Guingret et sa fille ne devaient retourner à la ville que le lundi soir. Dès le matin, on avait vu arriver à l'habitation la bonne et le jardinier, chargés chacun d'un énorme panier rempli de provisions ; on avait mis à réquisition les fromages de deux ou trois ménagères du voisinage ; ces préparatifs extraordinaires annonçaient suffisamment que depuis longtemps la Borderie n'aurait vu un si grand nombre d'hôtes.

Cependant vers les deux heures, au moment le plus chaud de la journée, il n'y avait encore que trois personnes sur la terrasse ; c'étaient les deux filles et le gendre du propriétaire. Assis sur des bancs de bois peints en vert, à l'ombre de quatre tilleuls qui formaient la voûte, ils attendaient, en causant tranquillement, l'arrivée des invités. De cette terrasse, à laquelle on arrivait par quatre marches en pierre, on voyait devant soi l'entrée principale de la petite maison bourgeoise, dont le salon était de plain-pied avec elle ; à droite s'étendait le jardin avec ses murailles blanches, ses quatre carreaux uniformes de légumes et son mûrier gigantesque qui dominait les arbres rabougris du clos voisin. En vérité, quand on songeait à la grande réputation locale qui s'attachait à tout cela, on pouvait bien dire que cela n'en valait pas la peine.

Les deux sœurs se ressemblaient beaucoup ; seulement Honorine, plus âgée de six ans qu'Agathe, était plus grande et avait un air plus posé. Toutes les deux étaient blondes, fraîches, élancées, mais leurs costumes offraient un contraste frappant. Honorine, dans sa dignité de femme mariée, portait une robe à grands falbalas, un châle de dimensions peu ordinaires, et un chapeau de forme anglaise avec une lourde plume qui se balançait au vent ; bref, sa toilette offrait un mélange de prétention et de mauvais goût dont la pauvre jeune femme semblait très-peu fière du reste, car elle regardait avec une sorte d'envie la mise simple de sa sœur. Agathe, en effet, n'avait qu'une robe blanche et une ceinture de ruban rose dont les deux bouts restaient flottants. Sa tête était nue ; ses cheveux, coupés à la *Titus*, suivant la mode du temps, formaient autour du front trois ou quatre petites boucles fort gracieuses. A la voir ainsi, on eût pris Agathe pour une enfant de douze ans ; cependant elle en avait près de seize.

En face des deux sœurs, le dos tourné au jardin, était nonchalamment appuyé contre un arbre M. Hyacinthe Denis, le mari d'Honorine ; rien qu'à le voir et à l'entendre pendant une minute, on jugeait qu'il devait être pour quelque chose dans la mise de sa femme. C'était un grand garçon d'un blond fade, à lunettes bleues ; son habit à *queue de morue* et son pantalon noisette pouvaient rivaliser de prétention avec les falbalas et la plume d'Honorine. Son langage, ses manières étaient à l'avenant ; il parlait avec pédanterie, choisissant les expressions les plus inintelligibles, et surtout assai-

10

sonnant de mythologie chacune de ses phrases, afin de paraître érudit et homme du monde; il était fils d'un ancien marchand de bœufs. Ces trois personnes, comme nous l'avons dit, causaient déjà depuis quelques instants, quand Agathe s'écria avec une innocente étourderie :

— Mais, ma chère Honorine, pourquoi n'ôtes-tu donc pas ton châle et ton chapeau? Par une chaleur pareille, je ne sais comment tu y tiens.

En effet, de grosses gouttes de sueur perlaient sur le front de madame Denis; peut-être eût-elle accepté la proposition de se débarrasser du poids qui l'écrasait, si son mari ne l'eût arrêtée du geste.

— Laissez, laissez, madame, dit-il d'un ton aigre-doux (son ton ordinaire lorsqu'il parlait à sa femme); il va venir beaucoup de personnes étrangères, et je tiens à ce que mon épouse ne le cède à aucune d'elles pour l'élégance. La parure est le complément de la beauté.

Et cette maxime fut accompagnée d'un regard impérieux adressé à Honorine.

— Mais elle étouffe! reprit Agathe.

— Oh! ce n'est rien, ma sœur, dit timidement Honorine; je suis bien.

Agathe les examina avec étonnement l'un et l'autre. Hyacinthe reprit presque aussitôt avec un sourire de protection et de pitié en s'adressant à sa belle-sœur :

— Eh bien, et vous, *Petite Pierre précieuse* (c'est ainsi que M. Denis, qui avait la manie des sobriquets, appelait Agathe), ne comptez-vous pas bientôt allumer à votre tour le flambeau de l'hymen? Voyez comme Honorine, madame

Denis, a de beaux ajustements... Mais ne parlons pas de cela ; je ne veux pas m'enorgueillir devant vous des avantages dont la fortune aveugle a su me combler. Seulement, je dis que *Jupiter tonnant* (Guingret) a tort de vous tenir enfermée dans son obscur magasin, comme Danaë dans la tour d'Acrisius... Et si encore on n'avait que cela à lui reprocher !

Agathe ne comprenait pas grand'chose à ce fatras ; mais Honorine, un peu plus au fait des allégories mythologiques de son mari, ajouta avec bonté, en prenant la main de sa sœur :

— Hyacinthe a raison, ma pauvre Agathe ; notre père ne songe pas assez à toi, il te néglige cruellement pour son maudit jardin. Voilà encore une semaine entière qui s'est écoulée sans qu'il t'ait menée promener une seule fois... Oh ! je lui parlerai, il ne faut pas qu'il fasse de toi une Cendrillon.

— Cendrillon ! répéta Hyacinthe avec un accent de dédain ; en vérité, madame, vous vous servez parfois d'expressions bien inconvenantes.

— Cendrillon ou Pierre précieuse, s'écria résolûment la jeune demoiselle en riant, ça m'est égal, allez ! Mais tu te trompes, ma chère Honorine, continua-t-elle en s'adressant à sa sœur, si tu crois que je me trouve malheureuse. Papa est si bon ! Quand il revient le soir à la maison, il a toujours quelque parole agréable à me dire, et il m'apporte les plus beaux fruits du jardin.

— Et vous croyez, reprit Hyacinthe en fronçant le sourcil, que ces absences continuelles ne lui font pas négliger son commerce? Vous croyez que les présents de Flore et de Pomone ne lui font pas oublier les dons de Plutus?

— Si vous voulez dire par là, Hyacinthe, dit Agathe avec simplicité, que notre père néglige les affaires du commerce pour celles de ce jardin, vous avez bien un peu raison. Malgré ma bonne volonté, je ne puis pas toujours le suppléer; Grillot, le vieux commis, m'est complétement inutile pour la vente, et si notre père était présent, certainement il pourrait traiter certaines affaires que je suis obligée de laisser échapper... Ensuite, se hâta d'ajouter la bonne jeune fille, ce n'est peut-être pas sa faute non plus; le commerce va si mal, les chalands sont si exigeants! D'ailleurs, s'il n'était pas ici chaque jour, ce jardin ne rapporterait rien; il faut bien surveiller nos intérêts. La semaine dernière encore on nous a volé plus de cent feuilles de mûrier... Vous savez que notre père en sait le compte.

— En voilà encore une magnifique spéculation! s'écria M. Denis avec emportement; n'est-ce pas une honte qu'un homme, ayant une famille honorable, descende ainsi, sans respect pour ceux qui le touchent, au rang d'un vil maraîcher? Mais, souvenez-vous de mes paroles : je vous ai dit bien souvent que le mûrier avait été fatal à Pyrame et Thisbé; il ne sera pas moins fatal à M. Guingret, mon honoré beau-père, vous verrez!

— Calmez-vous, mon ami, lui dit sa femme; s'il vous entendait!

— Que m'importe? dit Hyacinthe en se posant majestueusement devant les deux sœurs; la justice et la raison parlent par ma bouche : je ne crains pas d'être écouté. Oui, la conduite et les actions de votre père ne sont pas telles que pourrait les désirer un homme de cœur, et ce serait un service à lui rendre que de jeter bas ce maudit arbre. Si la chose dépendait de moi...

— Halte-là, monsieur mon gendre, dit une voix moqueuse derrière lui, pour ce qui est de toucher mon mûrier, cela vous est défendu.

M. Denis se retourna brusquement; Guingret montait l'escalier de la terrasse, une bêche à la main.

Le digne marchand pouvait avoir de quarante-cinq à cinquante ans; il était de taille moyenne, un peu maigre, mais robuste et musculeux. Son visage coloré, sanguin, annonçait une grande irascibilité; et, en effet, bien que Guingret fût la bonté même en temps ordinaire, sa bile s'échauffait facilement dans l'occasion. Il portait en ce moment un costume spécialement affecté à sa propriété du faubourg : une veste courte en étoffe jaunâtre, dont le soleil avait changé la couleur primitive, et un chapeau de grosse paille un peu endommagé en quelques endroits. Dans cet équipage, qui rappelait assez celui d'un colon américain, il allait et venait sans cesse, et jamais, dans ses promenades, il ne quittait la bêche qu'il tenait à la main, signe majestueux de sa puissance absolue sur les cent pieds carrés de terrain qu'il possédait.

Or, malgré sa vivacité ordinaire, Guingret ne paraissait pas disposé à prendre mal les paroles de son gendre. Il souriait même en arrivant sur la terrasse, et regardait ironiquement Denis, tout confus de le trouver là.

— Ah! c'est vous, Jupiter tonnant? dit enfin le gendre en cherchant à déguiser son trouble.

— Je m'appelle Guingret et non pas Jupiter tonnant, répliqua le bonhomme sans s'émouvoir; vous dites toujours des bêtises, mon gendre.

Ce mot qui, dans la bouche de Guingret, n'avait pas l'acception injurieuse qu'on y attache d'ordinaire, blessa profondément le vaniteux Denis. Il devint rouge de colère.

— Des bêtises! répéta-t-il; ah! je dis des bêtises! eh bien, vous, monsieur, vous en faites!

Cette vive riposte pouvait émouvoir Guingret à son tour, et la querelle menaçait de s'envenimer. Les deux jeunes filles se rapprochèrent de leur père d'un air suppliant.

— Vous croyez, mon gendre? dit-il avec calme; eh bien, veuillez m'en signaler quelques-unes, je ne serais pas fâché d'avoir votre avis sur mes actions.

— D'abord, reprit Denis de plus en plus exaspéré par ce sang-froid, vous rendez très-malheureuse cette pauvre Agathe, qui reste seule chargée du soin de votre commerce, tandis que vous venez ici vous promener des journées entières...

— Est-ce que Agathe se plaint? demanda Guingret d'un ton plus sérieux en se tournant vers la plus jeune de ses filles.

— Oh! non, non, mon père, dit Agathe précipitamment, en allant l'embrasser.

— Vous voyez bien!

Mais Denis était un de ces hommes lâches qui, une fois en train, ne s'arrêtent pas si vite, car ils ne sont pas sûrs de retrouver une autre fois le courage de parler.

— Elle n'osera pas en convenir, reprit-il, mais cela est, cela doit être. D'ailleurs vous négligez vos affaires, vous manquez des opérations magnifiques pour dépenser le peu dont vous pouvez disposer dans cette misérable petite propriété...

— Est-ce que je ne vous ai pas payé exactement la dot promise à ma fille Honorine lorsque vous l'avez épousée?

— Mon père, dit Honorine affectueusement, excusez mon mari; il sait que vous vous êtes imposé les plus grands sacrifices pour mon établissement, et nous vous en avons la plus vive reconnaissance...

Guingret embrassa madame Denis comme il avait embrassé Agathe. Le gendre était furieux, il fit un geste menaçant à sa femme.

— Elles n'avoueront pas ce qu'elles pensent, reprit-il; cependant, monsieur, elles ne peuvent ignorer que le devoir d'un bon père est d'augmenter le plus possible la fortune de ses enfants...

— Et celle de ses gendres, n'est-ce pas?

— Enfin, monsieur, s'écria Denis à l'apogée de la colère, vous ne conservez pas la dignité que j'étais en droit d'attendre de vous. Quand j'ai épousé votre fille, vous étiez marchand de draps, monsieur, vous étiez un négociant honorable, monsieur, et vous ne vendiez pas de feuilles de mûrier... et depuis que vous êtes marchand de feuilles de mûrier, à un liard la feuille, je rougis, monsieur, oui, je rougis d'être votre gendre! Je n'étais pas né pour cela, monsieur, et ma famille et la vôtre en rougissent! Vous nous déshonorez et... c'est indigne, monsieur!

En achevant ces mots, Hyacinthe se laissa tomber sur le siége de bois, épuisé par la violence de son emportement.

Guingret lui-même n'était pas tout à fait aussi impassible qu'il voulait le paraître. Cependant il avait bravement reçu la décharge, et il dit d'un ton contenu :

— Est-ce tout, monsieur mon gendre?

Denis fit un signe de la main pour exprimer qu'il n'avait plus rien à dire. Son courage s'en allait. Guingret se rapprocha de lui.

— Mon père, mon père! s'écrièrent ses filles en s'interposant, car elles craignaient quelque catastrophe.

— Laissez-donc, enfants que vous êtes, dit le bonhomme avec ironie, me croyez-vous donc assez fou pour me fâcher des sornettes de M. Denis? Je n'ai qu'un mot à lui répondre : mes affaires privées ne le regardent pas, et, quoi qu'on puisse penser de ma conduite, je compte n'agir qu'à ma guise. Si ce qui se passe chez moi ne lui convient pas, il peut se dispenser d'y venir; je serai sans doute fâché de ne pas voir ma chère Honorine, mais je serai enchanté de ne plus le voir, lui. Oui, monsieur, si vous rougissez des moyens que j'emploie pour faire valoir mes propriétés, je rougis, moi, de vos ridicules et de vos impertinences. Vous êtes méchant, monsieur, je le sais, mais je ne vous crains pas. Quant aux mauvais desseins que vous semblez avoir contre mon mûrier, continua-t-il en s'animant et en élevant la voix, je vous préviens que si vous étiez assez osé pour exécuter vos menaces...

En ce moment Guingret s'aperçut que plusieurs personnes étrangères venaient d'arriver sur la terrasse et avaient entendu ses dernières paroles. Les visiteurs s'étaient arrêtés à quelques pas, comme honteux de tomber ainsi au milieu d'une scène de famille. En se voyant découverts, ils s'approchèrent avec embarras, et un vieillard, qui en raison de son âge et de son importance (c'était un notaire du voisinage) semblait avoir sur eux une sorte d'autorité, s'écria d'un ton de conciliation :

— Comment! une dispute entre le beau-père et le gendre? Allons, messieurs, vous n'êtes pas raisonnables... Voyons, que la paix soit faite! je vous demande cette grâce au nom de ces dames, ajouta le galant notaire en se tournant vers deux ou trois femmes vieilles et laides qui l'accompagnaient.

Denis avait, comme nous le savons, des prétentions aux bonnes manières et à la noblesse des procédés. Bien que ses traits livides et ses lèvres frémissantes trahissent sa colère et son désir de vengeance, il crut devoir faire ostensiblement le sacrifice de son ressentiment; d'ailleurs, il n'avait pas voulu sérieusement se brouiller avec son beau-père. Aussi dit-il d'un ton mielleux et avec un sourire forcé :

— Il est vrai, la Discorde avait secoué son flambeau sur mon cher et bien-aimé beau-père et sur moi; mais il n'y a pas eu querelle entre nous, et j'espère que M. Guingret oubliera ce qui s'est passé.

— Je l'oublierai, moi, dit Guingret en le regardant fixement; mais est-il sûr que vous l'oublierez, vous ?

Denis baissa la tête pour échapper à l'examen du marchand, dont il avait déjà eu occasion d'apprécier la perspicacité; il allait ajouter quelque nouvelle protestation tout aussi peu cordiale que la première, quand son beau-père quitta brusquement la terrasse et courut vers le mûrier. Un petit garçon de dix à onze ans avait profité du moment où l'attention était captivée par cette altercation pour grimper sur l'échelle disposée à demeure au pied de l'arbre.

Le maraudeur élevait déjà la main pour s'emparer du feuillage convoité, quand la voix de Guingret retentit au-dessous de lui.

— Que faites-vous là, monsieur Pépère? s'écria-t-il; descendez, petit drôle, petit voleur! Qui vous a permis de monter à cet arbre?

L'enfant se retourna et montra sa figure mutine et résolue.

— Oncle, dit-il d'un ton suppliant, laissez-moi seulement prendre quelques feuilles... mes pauvres vers à soie vont mourir de faim! quelques feuilles seulement, mon bon petit oncle?

— Voulez-vous bien descendre! répéta Guingret en grossissant encore sa voix; je me moque bien, moi, que vos vers à soie meurent de faim; est-ce qu'on devrait permettre à des écoliers d'avoir des vers à soie? un insecte qui a des mœurs.. si singulières!... Mais sans doute monsieur le drôle n'en est pas à son coup d'essai! C'est lui, je le gage, qui m'a pris les cent feuilles qui me manquent... Allons, descendras-tu?

Force fut à Prosper ou Pépère, comme on l'appelait dans sa famille, de descendre lentement les échelons. Lorsqu'il fut à terre, son oncle le saisit par une oreille, sans pourtant lui faire grand mal, et après avoir retiré l'échelle, il le conduisit vers la terrasse où la société était réunie, en lui disant du ton de la réprimande :

— Ah! monsieur le polisson, c'est donc pour que vous me voliez mes feuilles de mûrier que je vous fais sortir de pension chaque dimanche? Je vais écrire cela à ta mère à Châteauroux, sois-en sûr! et pendant un mois tu ne mettras pas le pied ici... Ce soir, aussitôt après souper, on te reconduira à ta pension et on te recommandera au maître, je te le promets! Voyez, continua-t-il en arrivant sur la terrasse avec son prisonnier, c'est un voleur!

— Un voleur! reprit M. Rufin en enflant sa voix avec affectation. Allons, qu'on aille chercher les gendarmes!

— Mon père, vous lui faites mal! dit Agathe d'un ton suppliant.

— Merci, ma bonne cousine Agathe, murmura l'enfant.

— Tirez, tirez toujours! s'écria Hyacinthe, enchanté de prouver à la compagnie qu'il avait déjà repris sa gaieté; tirez, car le petit drôle a encore les oreilles trop courtes pour un jeune roussin d'Arcadie!

Cependant l'enfant semblait avoir un de ces caractères opiniâtres qui résistent aux corrections et aux menaces. La douleur, dans tout le trajet du mûrier à la terrasse, ne lui avait ni arraché un cri ni fait verser une larme. Quand Guingret l'eut enfin lâché, à la prière de ses filles, l'écolier, qui éprouvait le besoin de se venger sur quelqu'un de l'outrage qu'il recevait, resta un moment debout au milieu de la société, une main sur son oreille rouge et cherchant du regard sa victime. Ce fut sur Hyacinthe Denis, contre lequel il avait déjà une sourde rancune, que tomba sa colère :

— Dites donc, cousin Denis, reprit-il d'un ton goguenard, vous qui savez si bien ce que c'est que les roussins d'Arcadie, pouvez-vous me dire s'ils portent des lunettes bleues?

En achevant cette mauvaise plaisanterie d'écolier, il fit la nique à Denis, sauta à la fois toutes les marches de la terrasse et alla se cacher dans le coin le plus isolé du clos, pour échapper aux réprimandes ou peut-être pour faire de nouvelles tentatives sur le mûrier inaccessible.

Denis était resté immobile, rougissant et pâlissant tour à tour, tandis que la société riait à gorge déployée de cette bouffonnerie de Pépère.

— Il est méchant comme un démon, mais il a de l'esprit comme un ange, disaient les dames.

Guingret, au fond, n'était pas fâché de l'humiliation qu'un enfant venait de faire subir à son gendre ; néanmoins il se répandait en menaces que tout le monde le savait incapable d'exécuter. Enfin le mot de Pépère avait eu un succès universel et Denis enrageait.

— Ton mari me fait peur, dit Agathe à l'oreille de sa sœur ; regarde comme ses traits sont bouleversés !

— Il songe à se venger, murmura Honorine en frémissant.

— Quoi ! contre ce pauvre petit Pépère ?

Un moment après, Hyacinthe Denis, voyant qu'il n'était plus l'objet de l'attention générale, descendit chez le jardinier et causa longtemps avec lui.

II

La nuit aux mystères.

Le lendemain matin, au lever du jour, Guingret frappa doucement à la porte qui communiquait de sa chambre au cabinet où sa fille Agathe avait passé la nuit.

— Allons, allons, mon enfant, disait-il, habille-toi bien vite, si tu veux voir le lever du soleil, comme tu l'as désiré; le temps est magnifique, nous ferons un tour de jardin avant le déjeuner.

— Je suis à vous, mon père, répondit la jeune fille de l'intérieur.

Quelques minutes après elle parut en négligé du matin, les yeux gros de sommeil, mais fraîche et gaie comme à l'ordinaire.

Cette chambre, qui servait aussi de salon et de salle à manger, car avec le petit cabinet d'Agathe elle formait toute la maison, était décorée d'un papier à personnages représentant je ne sais quelle bataille de l'Empire, suivant le goût de l'époque. Guingret affectionnait ce genre de décoration, qui épargnait l'achat de gravures, et qui, dans ses idées, satisfaisait à la fois les yeux et l'imagination. Aussi y avait-il des cuirassiers et des vieux grognards de la garde jusque dans l'alcôve de l'honnête marchand. Seulement, pour reposer par un peu de pastoral le regard fatigué par cette cohue d'hommes, de chevaux et de canons, on avait collé au-dessus de la cheminée, à la place de la glace absente, une *Chasse au tigre* qui eût été du plus bel effet si, malheureusement, elle ne se fût confondue par la teinte et la disposition avec les autres peintures. Ainsi, le tigre, qui s'élançait du haut d'un rocher, semblait tomber précisément sur la tête de l'Empereur, placé un peu plus bas, ce qui sans doute se trouvait contraire à la vérité et à l'histoire.

L'ameublement de cette pièce était simple et peu coûteux ; les rideaux était en calicot, les chaises, les tables et le lit en bois peint ; cependant, tout cela avait un air de luxe bourgeois, de bien-être tranquille qui faisait plaisir à voir.

Comme nous le savons, la porte de cette chambre donnait sur la terrasse ; or, le premier soin de Guingret en se levant avait été de l'ouvrir, afin de laisser entrer l'air vivifiant du matin. Aux premiers rayons du jour qui faisaient grimacer les figures refrognées des murailles, Agathe remarqua que son père, déjà revêtu de son costume de campagne, était pâle et avait les traits bouleversés.

— Mon Dieu ! papa, dit-elle avec inquiétude, comme vous

semblez fatigué ce matin! A la vérité, votre sommeil a été troublé la nuit dernière...

— Ah! tu as donc aussi entendu les cris qui m'ont obligé de me lever et de descendre à demi vêtu dans le jardin? demanda Guingret.

— Oui, mon père, ou plutôt je n'ai entendu qu'un cri, mais si plaintif, si effrayant, que je frissonne encore d'y penser.

— Et pourtant, dit le bonhomme, quand je suis arrivé à l'enclos, le plus grand silence régnait partout. Sans doute, le bruit que nous avons entendu l'un et l'autre était causé par Poitevin, le jardinier. Hier au soir, il était ivre comme trente mille hommes; c'est lui certainement qui, en dormant dans sa loge, aura laissé échapper ce cri au milieu de quelque cauchemar d'ivrogne.

— Cela est bien possible, mon père, dit tranquillement la jeune fille, et cette pensée aurait dû vous rassurer; cependant je vous ai entendu vous agiter toute la nuit.

— Que veux-tu, Agathe? répondit Guingret avec un peu d'altération dans la voix, après cette transe ridicule, il m'a été impossible de me rendormir. Je songeais à la discussion que j'ai eue hier avec ce sournois de Denis, et je réfléchissais que parmi les sottises qu'il m'a débitées il y avait un reproche mérité, c'est celui qui te concerne, ma bonne Agathe. Oui, il a raison, je te rends esclave de mon affection pour la campagne; tu ne sors jamais, je ne te procure aucun plaisir, aucune distraction.

— Eh! que m'importe, mon père! s'écria Agathe avec gaieté, je suis si heureuse de me trouver le soir près de vous,

de savoir que votre journée a été remplie suivant vos goûts !...
Oui, je suis heureuse, mon bon père, et je voudrais que cette pauvre Honorine pût en dire autant.

— Cela est vrai, ma fille ; Denis est plus que bête, il est méchant, et ta sœur ne semble pas avoir beaucoup à se louer de lui... mais elle n'a pas encore jugé à propos de nous mettre dans la confidence de ses chagrins. A la première occasion, je la presserai à ce sujet, et, si nos craintes sont fondées, nous tâcherons de prendre des mesures pour la défendre contre les mauvais procédés de ce brutal... Mais viens, mon enfant, l'heure est très-favorable pour la promenade, et l'air du matin chassera les idées tristes de cette nuit.

En parlant ainsi, il entraîna sa fille sur la terrasse qu'éclairaient déjà les rayons dorés du soleil levant. Le faubourg était encore désert et silencieux ; cependant, au moment où le père et la fille descendaient au jardin, la cloche de la porte extérieure retentit bruyamment.

— Qui ce peut-il être ? demanda Guingret en s'arrêtant d'un air étonné. Rufin doit venir déjeuner avec nous, mais il n'est pas si matinal d'ordinaire. Poitevin ! Poitevin ! continua-t-il en appelant le jardinier ; allons, levez-vous donc, grand paresseux ! n'entendez-vous pas que l'on sonne ?... d'ailleurs, c'est le moment de commencer votre journée.

Une espèce de grognement, suivi d'un bâillement sonore, fut la seule réponse qu'il reçut. Un second coup de sonnette se fit entendre.

— C'est quelqu'un qui est diablement pressé ! reprit Guingret avec humeur ; sans doute une pratique qui vient chercher des feuilles de mûrier.

Tout en gourmandant l'ivrogne de jardinier qui, malgré ce bruit, avait grand'peine à s'éveiller, Guingret alla lui-même ouvrir. Quel fut son étonnement et celui d'Agathe en reconnaissant dans la personne qui venait de sonner avec tant de précipitation, Honorine Denis !

La jeune femme n'avait plus sa prétentieuse toilette de la veille ; elle était mise, au contraire, avec une simplicité plus convenable à son âge et sans doute à son goût ; mais son visage portait la trace d'une douloureuse anxiété. Enfin, elle était haletante comme si elle venait de faire une course longue et rapide.

— Toi, ma sœur ? s'écria Agathe naïvement ; oh ! la bonne surprise !

— Tu es venue seule à une pareille heure, Honorine ? demanda Guingret avec inquiétude ; mais qu'y a-t-il donc ? que se passe-t-il chez toi ? Viens, tu vas nous conter cela.

Il la conduisit sur la terrasse. Agathe accablait sa sœur de questions ; mais Honorine sembla d'abord incapable de répondre.

— Mon père, ma sœur, dit-elle enfin d'une voix altérée, de grâce, permettez-moi de vous demander avant tout si vous n'avez pas vu mon mari aujourd'hui ?

Agathe et Guingret la regardèrent avec stupéfaction.

— Quoi ! reprit le marchand, hier au soir, à neuf heures, vous êtes partis ensemble, et ce matin, à quatre heures, tu viens nous demander si nous n'avons pas vu ton mari ? Tu n'y songes pas, ma fille !

— C'est que, mon père, dit madame Denis en fondant en

larmes, Hyacinthe m'a quittée depuis hier au soir; je ne sais ce qu'il est devenu et où il a passé la nuit...

— Voilà qui lui vaudra de ma part une verte semonce, dit Guingret d'un ton irrité ; mais, mon enfant, avoue-moi la vérité, continua-t-il avec plus de douceur; hier au soir, n'y a-t-il pas eu entre vous quelque querelle, quelques mots durs d'échangés ?

— Hélas! mon père, répondit la jeune femme avec confusion et en sanglotant toujours, les querelles sont fréquentes dans mon ménage... Cependant celle qu'il m'a faite hier en vous quittant, parce que, disait-il, je ne l'avais pas soutenu contre vous et que j'avais contribué à le rendre ridicule, ne semblait pas devoir être plus sérieuse que celles qui éclatent à chaque instant sur les plus légers motifs... Car je n'ai osé jusqu'ici le dire ni à vous, mon père, ni à ma chère Agathe, mais mon mari m'a fait déjà verser bien des larmes en secret!

— Nous l'avions soupçonné, ma pauvre Honorine, et je m'en expliquerai avec ce brutal d'Hyacinthe ; je te défendrai, sois-en sûre... Mais continue ton récit.

— Mon récit sera court, mon père. Pendant cette discussion à voix basse, nous étions rentrés à la ville. Quand nous avons eu passé le pont, Denis a attendu M. Rufin et les autres personnes restées en arrière, et il leur a dit : « Quelqu'un de vous, messieurs, sera-t-il assez galant pour reconduire ma femme jusque chez elle ; j'ai une affaire pressante à l'entrée du faubourg, et j'y cours bien vite avant la fermeture des portes. » Ces messieurs se sont empressés d'assurer qu'ils se feraient un devoir de me conduire jusqu'à la maison; alors mon mari m'a quittée en disant haut, pour ne pas faire soupçonner une mésintelligence entre nous : « Ne t'inquiète pas, ma bonne Honorine, je ne serai absent qu'un instant. » Puis il est retourné sur ses pas sans me donner aucune autre explication.

— Et tu ne l'as pas revu depuis ce moment?

— Il n'est pas revenu; j'ai passé une affreuse nuit à pleurer et à l'attendre. Ce matin, ne le voyant pas, je suis accourue en toute hâte pour m'informer de lui, et en même temps pour vous demander conseil et protection.

— Et tu auras l'un et l'autre, ma fille, dit le bonhomme avec émotion; mais je t'avouerai que ceci me semble inexplicable !

Il réfléchit un moment; Agathe pleurait et sanglotait comme sa sœur.

— Allons, du courage, mes enfants! reprit le marchand avec résolution : que diable! tout n'est pas perdu parce que M. Denis n'a pas jugé à propos de rentrer chez lui la nuit dernière! Malgré ses airs terribles, un homme un peu déterminé lui impose aisément, et je lui parlerai de manière à ce qu'il ne recommence pas de pareilles fredaines. Voici ce qu'il faut faire : vous resterez ici l'une et l'autre pendant que j'irai à la ville chercher monsieur mon gendre; je sais quelles sont les maisons où il a pu demander asile, je suis certain de le trouver. Je vous promets de vous le ramener doux comme un agneau; il ne me connaît pas encore : je lui apprendrai à me connaître...

— Oh! que vous êtes bon, mon père! dit Honorine presque en souriant. Tenez, vos paroles me rassurent déjà.

— Oui, oui, tout s'arrangera pour le mieux, ma sœur, dit la petite Agathe en essuyant ses yeux.

— Allons, voilà qui est convenu, reprit Guingret d'un air de confiance en embrassant ses enfants; je vais m'habiller pour aller à la ville; ne vous tourmentez pas pendant mon absence; je serai de retour pour le déjeuner.

Il allait entrer dans la chambre pour faire ses préparatifs de départ; le jardinier, qui, pendant cette conversation, s'était décidé à se lever et à commencer sa journée, l'appela à grands cris. Bientôt il accourut lui-même en disant avec l'accent de l'inquiétude :

— Maître, maître, venez vite!... venez voir ce qu'il y a là-bas avant que je me mette à l'ouvrage.

Et il désignait le mûrier à l'extrémité du jardin.

— Que veut cet imbécile? dit Guingret avec mépris, n'a-t-il pas encore cuvé son vin? Je n'ai pas le temps de courir en ce moment; laisse-moi tranquille!

— Oh! venez, je vous en prie; c'est l'affaire d'une minute... Vous ne sortirez pas sans avoir vu ce qu'on a fait là-bas à votre mûrier.

Le jardinier, gros paysan passablement niais, dérangeait souvent son maître pour des bagatelles; mais cette fois il avait l'air si sérieux, il semblait si tourmenté, que Guingret, malgré les circonstances graves qui l'appelaient dehors, consentit à l'accompagner jusqu'à l'endroit désigné. D'ailleurs, il venait de se rappeler les événements de la nuit; au seul mot de mûrier il conçut un soupçon qu'il voulut vérifier sur-le-champ.

Il se dirigea donc vers l'extrémité du potager; ses deux

filles le suivirent machinalement, bien qu'elles n'attachassent pas une grande importance à la découverte du jardinier. Arrivé au pied du grand mûrier, Guingret s'arrêta, muet d'étonnement et de colère, à la vue des dispositions prises pour la destruction de son arbre chéri.

On avait creusé une espèce de fosse alentour afin de mettre à découvert les racines; une bêche, jetée à quelques pas, avait suffi pour cette besogne. Puis on était allé chercher, sous une espèce de hangar, près de la maison, plusieurs pierres de chaux vive que des maçons, employés peu de temps auparavant aux réparations des murailles du jardin, avaient laissées là, et on les avaient placées dans la fosse. A côté de la tranchée, on voyait un grand arrosoir plein d'eau. Sans doute le temps avait manqué aux malfaiteurs pour vider cette eau sur la chaux vive; il se fût produit alors une fermentation qui n'eût pas manqué de tuer l'arbre en peu de temps, d'autant plus que, le fossé comblé, il devenait impossible de s'apercevoir du danger et d'y porter remède.

Guingret comprit sur-le-champ tout cela, et il s'écria avec indignation :

— Quelle lâcheté! On a voulu détruire mon plus bel arbre!... Voilà donc la cause du bruit de la nuit dernière! Les misérables auront pris la fuite en m'entendant venir, et leur crime est resté inachevé.

— Comment, monsieur, demanda le jardinier en tremblant, vous avez entendu du bruit dans le jardin et vous êtes descendu?... Vous savez donc...

Guingret le regarda fixement. Poitevin devenait rouge et pâle tour à tour; son maître s'élança sur lui.

11.

— C'est toi, scélérat! s'écria-t-il en le prenant au collet, sors de chez moi, ivrogne! voleur! je ne veux plus de tes services; je ne te dois rien... Va-t'en bien vite, ou je te ferai punir de ta mauvaise action!

Le jardinier se débattait pour échapper aux étreintes de Guingret, contre lequel il ne voulait pas user de toute sa force; il disait d'un ton suppliant :

— Ne me chassez pas, maître, je vous en prie! puisque vous êtes venu au jardin cette nuit, vous savez bien que ce n'est pas moi qui ai fait le coup.

Mais l'irascible marchand, sans l'écouter, le secouait rudement et voulait l'entraîner hors de chez lui. Les deux jeunes filles crurent devoir intervenir.

— Mon père, dit l'une d'elles, écoutez du moins ses explications; si réellement cet homme n'était pas coupable...

— Et qui serait-ce donc? demanda Guingret en se décidant pourtant à lâcher Poitevin; pour trouver cette bêche, cet arrosoir, et transporter ici cette chaux vive, il fallait quelqu'un qui fût parfaitement au fait de la localité et des êtres de la maison. Comment voulez-vous qu'on s'introduise ici? Les murailles sont très-hautes, les haies du clos sont plus sûres que les murailles; cet homme seul a pu accomplir cette mauvaise action pour se venger des reproches mérités que je lui adresse quelquefois.

— Mais, papa, reprit Agathe avec douceur, vous m'avez dit tout à l'heure que vous aviez entendu distinctement Poitevin dormir dans sa loge, au moment où vous avez été éveillé...

— Ce sommeil était peut-être simulé, dit Guingret avec hésitation.

— Songez encore, mon père, qu'hier au soir cet homme était complétement ivre; ce matin vous avez eu toutes les peines du monde à l'éveiller; il n'est pas probable qu'au milieu de la nuit il ait eu assez de force et de raison pour exécuter un pareil projet.

— Oh! cela est vrai, ma bonne demoiselle, reprit le jardinier, encouragé par ce secours; je ne me souviens de rien depuis hier au soir que je suis allé chez le voisin Pichet boire l'argent de M. Denis...

— Denis t'a donné de l'argent! s'écria Guingret; alors plus de doute... c'est lui! J'y avais pensé tout d'abord.

— Mon père, dit Honorine d'un ton de reproche, pouvez-vous accuser ainsi mon mari sans preuves?

— Eh! qu'ai-je besoin de preuves! s'écria le marchand tout à fait convaincu; ne viens-tu pas de me fournir toi-même une des plus fortes, en m'annonçant que ton mari n'était pas rentré chez lui cette nuit? D'ailleurs, n'avez-vous pas une clef du jardin, au moyen de laquelle Denis et toi vous pouvez venir vous promener ici quand vous voulez?

— C'est vrai, dit la jeune femme en baissant la tête d'un air consterné.

— Tout s'explique donc naturellement. Denis, à la suite de notre dispute d'hier, aura pris le parti de détruire mon mûrier; c'est là une de ces vengeances basses tout à fait d'accord avec son caractère, soit dit sans t'offenser, ma pauvre Honorine. Après t'avoir quittée, il est revenu ici; il a attendu que tout le monde fût couché, et, sachant bien que ce drôle de Poitevin s'enivrerait cette nuit, il espérait faire son coup sans être entendu. Tu le vois, il eût jeté ce vase d'eau sur la chaux, il eût comblé la fosse avec la terre, et le pauvre arbre se fût desséché sans qu'on sût pourquoi. Heureusement, un bruit quelconque a donné l'alarme; Denis, en me voyant venir, s'est enfui sans achever son action criminelle... Tout cela est fort clair; sans doute, en ce moment, le méchant homme est rentré chez lui et ne s'attend pas à ma visite.

Il se retourna brusquement pour s'éloigner, mais Honorine le retint.

— Mon père, dit-elle en joignant les mains, il me répugne encore de croire mon mari capable d'une pareille action. Quel intérêt pouvait-il avoir...

— Sauf votre respect, madame, interrompit le jardinier, qui avait écouté cette conversation, notre maître a raison; hier au soir, lorsqu'il m'a donné de l'argent, M. Denis m'a demandé d'un air indifférent comment il fallait s'y prendre pour faire périr un arbre, sans qu'on le sache... et comme j'ignorais pourquoi il me demandait cela, je lui ai dit tout bonnement qu'avec un morceau de chaux...

— Tu l'entends, Honorine?

— Eh bien, alors, reprit la jeune femme d'un air suppliant, grâce pour lui, mon père! Il est mon mari, il est votre fils.

— Oui, oui, grâce! répéta la bonne Agathe en se joignant à elle. Pardonnez-lui, mon cher père; ce projet n'a pas réussi, et le mal n'est pas bien grand pour cette fois.

Le digne marchand n'avait déjà plus de colère : les instances de ses deux enfants l'avaient désarmé. Il allait prononcer quelques paroles de pardon et d'oubli, quand le jardinier s'écria avec effroi en désignant un angle du jardin :

— Monsieur, regardez donc! qu'y a-t-il encore là-bas dans les framboisiers?

Guingret et ses filles tournèrent leurs regards vers le point indiqué. Dans des framboisiers, situés à peu de distance et qui formaient une espèce de fourré peu élevé, mais très-épais, on voyait vaguement un objet immobile.

Les assistants s'avancèrent de quelques pas pour reconnaître cet objet; puis ils restèrent immobiles et comme pétrifiés, en découvrant un corps humain dans le feuillage.

— C'est un homme endormi, dit le jardinier à voix basse.

— Ou plutôt un homme qui se cache, dit Guingret en serrant les lèvres.

— C'est mon mari! s'écria Honorine.

Et elle courut gaiement vers les framboisiers en criant :

— Allons, Hyacinthe, lève-toi, mon père ne t'en veut pas; ce n'est qu'une plaisanterie...

Mais tout à coup la voix lui manqua; elle ne put que pousser un cri déchirant, et tomba évanouie dans les bras de sa sœur.

C'était en effet Hyacinthe Denis qui était là, étendu dans les framboisiers; on le reconnaissait aisément à son costume, quoique son visage fût tourné contre terre. Mais sa tête nue était souillée de sable et de sang, et à la tempe droite on voyait une large blessure, qui avait dû causer une mort instantanée. En effet, le cadavre était froid, et tout sentiment semblait l'avoir abandonné depuis plusieurs heures.

Tous les spectateurs poussèrent des cris affreux. Evidemment Denis avait été victime d'un conflit à l'endroit même où on venait de le retrouver ; la terre était encore ensanglantée alentour. Près de lui on voyait encore une grosse pierre, qui avait été sans doute l'instrument de mort. Mais quel était l'auteur de ce meurtre, commis au milieu de la nuit? quel avait été le défenseur mystérieux de la propriété de Guingret? Le jardinier soupçonnait son maître, le maître accusait le jardinier; tous les deux échangeaient des interrogations, des menaces, sans écouter la pauvre Agathe, qui, agenouillée près de sa sœur évanouie, les suppliait vainement de l'aider à transporter Honorine loin de ce lieu d'horreur.

En ce moment parut le notaire Rufin, cet ami de Guingret qui devait déjeuner au jardin le matin même; il s'arrêta épouvanté à la vue du cadavre.

— Qui a fait cela? s'écria-t-il en laissant tomber sa canne et son chapeau; mon Dieu, qui a tué ce pauvre Denis?

Agathe courut à lui et dit tout éperdue :

— Ah! monsieur, venez à mon aide! mon père et Poitevin ne sont pas en état de me comprendre... Ma sœur va sans doute reprendre ses sens, et si elle se trouvait encore face à face avec le cadavre de son mari...

— Ah! c'est vous, Rufin? dit Guingret, dont les traits colorés d'ordinaire avaient pris une teinte livide; Dieu vous envoie en ce terrible moment... Mon ami, conseillez-nous! Qu'allons-nous devenir? Ma tête se perd...

— Mais, au nom du ciel! que s'est-il passé? Comment est arrivé ce malheur?

Guingret, Poitevin, Agathe elle-même prirent la parole

tous à la fois. Le vieillard eut d'abord peine à les comprendre; cependant, à force de questions et de réponses souvent interrompues, il fut bientôt au courant du sinistre événement.

— Mais l'auteur, l'auteur du meurtre? demanda Rufin; qui est-il? où est-il? comment est-il entré ici?

— On l'ignore, répondit Guingret avec désespoir: à moins, continua-t-il en se tournant du côté du jardinier, que ce misérable, qui s'obstine à nier...

— Ce n'est pas moi, s'écria Poitevin énergiquement: *j'étais bu* la nuit dernière, et je n'étais pas de force à me battre avec qui que ce fût. D'ailleurs, je suis pacifique, moi: c'est connu de tout le quartier! au lieu que vous, vous êtes emporté comme un loup enragé... Vous êtes descendu la nuit dans le jardin, vous l'avez dit devant vos filles et devant moi... et si dans un moment de colère vous avez tué votre gendre, avec qui vous vous disputiez continuellement, ce n'est pas une raison, voyez-vous, pour accuser un pauvre diable.

En écoutant cette accusation, dont les preuves semblaient spécieuses, Guingret frissonna : il venait d'entrevoir quelles charges accablantes pouvaient s'élever contre lui. Le vieux Rufin fixa sur lui un regard inquisiteur.

— Guingret, reprit-il, je ne suis pas votre juge, mais il importe de savoir comment vous répondrez aux accusations de cet homme. Dites-moi la vérité; vous êtes vif, emporté; j'ai eu hier encore un exemple de vos discussions éternelles avec votre gendre; bien que vous ayez montré une sorte de modération, ne serait-il pas possible que cette nuit, en trouvant chez vous Denis, occupé à dégrader votre propriété, vous lui ayez porté un coup malheureux?... Vous êtes libre de ne pas répondre, Guingret, mais une voix plus impérieuse que la mienne va vous adresser la même question.

— Et qui donc? demanda Agathe avec terreur.

— La justice, mademoiselle, soupira le vieillard; la justice, dont la présence ici est inévitable.

— Que faire? que faire, mon Dieu? dit la jeune fille en se tordant les mains.

Guingret, après être resté un moment absorbé dans de sombres réflexions, se rapprocha de Rufin et lui dit en lui serrant la main :

— Je suis tombé dans un abîme; mais vous me connaissez, vous, mon vieil ami. Je suis irascible, il est vrai, et si la nuit dernière j'avais trouvé Denis cherchant à détruire le plus bel arbre de mon jardin, j'aurais pu, dans un transport d'aveugle colère, le frapper aussi malheureusement qu'il a été frappé... Mais je vous le jure, Rufin, je suis innocent de ce meurtre, et vous savez que je n'ai jamais fait un faux serment!

— Je pourrais vous croire, Guingret, dit le vieillard en hochant la tête, mais ce n'est pas moi qu'il faut convaincre de votre innocence!

Pendant cette conversation, plusieurs personnes du voisinage, attirées par les cris de cette famille éplorée, étaient entrées dans le jardin, dont la porte restait ouverte. Le bruit de ce meurtre inconcevable se répandit rapidement dans le faubourg; la foule ne tarda pas à entourer les acteurs de cette lugubre scène. D'abord ils n'avaient pas remarqué le cercle de plus en plus étroit qui se formait autour d'eux; mais bientôt le tumulte, les clameurs des curieux de tout âge et de tout sexe frappèrent leur attention.

— Que nous veut-on? demanda enfin Guingret en sortant comme d'un songe.

— Il est temps de rentrer, dit Rufin à voix basse, et surtout il faut porter secours à cette pauvre madame Denis ; voyez, on croit déjà qu'elle est morte comme son mari, et on chuchote d'une manière menaçante...

Il fit signe au jardinier de l'aider à transporter Honorine évanouie, mais Guingret ne voulut pas souffrir qu'un autre que lui s'acquittât de ce soin. Il prit sa fille aînée dans ses bras, et, avec le secours d'Agathe, il l'emporta vers la maison.

— Ne nous quittez pas, mon bon monsieur Rufin! cria Agathe.

En effet, le vieillard s'était arrêté pour parler bas à un voisin, qui, après l'avoir écouté, s'éloigna en courant.

— Je vous rejoins, mon enfant, dit le notaire avec tristesse.

Il reprit, en s'adressant aux curieux qui se pressaient autour de lui pour l'interroger :

— Eloignez-vous, mes amis; un grand malheur vient d'arriver ici... mais il est important que tout reste dans le même état jusqu'à l'arrivée de la justice.

Il donna l'ordre à Poitevin de se tenir près du cadavre et d'empêcher qui que ce fût d'en approcher; et après lui avoir fait entendre que s'il ne s'acquittait pas exactement de ce devoir, on pourrait en tirer de fâcheuses inductions contre lui, il rentra à la maison.

Une heure plus tard le jardin avait un aspect bien différent. La foule avait été rejetée dans le faubourg, où de moment en moment elle devenait plus compacte et plus bruyante. Deux factionnaires gardaient la porte avec une rigoureuse consigne de ne laisser entrer et sortir personne. Deux autres, placés près du corps, attendaient que l'autorité vînt en faire la levée; d'autres enfin se tenaient à la porte de la loge de Poitevin, où tous les gens de la maison étaient provisoirement détenus. Le magistrat instructeur occupait la chambre de la terrasse et interrogeait séparément chacune des personnes qui pouvaient donner des renseignements sur le funeste événement de la nuit précédente.

Ces interrogatoires terminés, le juge, assisté d'un greffier et d'un chirurgien, se dirigea, avec Guingret et Poitevin, vers l'extrémité du jardin. On examina soigneusement les préparatifs faits au pied du mûrier, la position du cadavre auquel personne n'avait touché, et l'état des lieux environnants. Il fut constaté par l'homme de l'art qu'il n'y avait pas eu de lutte entre la victime et le meurtrier inconnu; Denis avait été frappé de côté par une pierre qui avait brisé le temporal et causé une mort immédiate. Il fut établi aussi que le corps avait été traîné pendant plusieurs pas vers les framboisiers, comme si l'on eût voulu le cacher aux regards.

Ces minutieuses investigations n'apprenaient encore rien d'important sur les circonstances du crime; les gens de justice se mirent à parcourir la propriété dans tous les sens, afin de rechercher par quel point aurait pu s'introduire un étranger. L'examen était facile; les murs, de quinze pieds d'élévation, étaient nouvellement crépis et ne soutenaient pas d'espaliers. Tout récemment, Guingret, préoccupé sans cesse du soin de protéger ses fruits contre les maraudeurs, avait fait garnir les extrémités supérieures de ces murailles avec des morceaux de verre dont pas un seul n'était arraché. Evidemment donc on n'avait pu pénétrer par escalade dans le jardin.

Restait l'enclos, qui communiquait au potager par une petite porte en claire-voie qu'on ne fermait jamais. Cet enclos était entouré d'une haie vive qui ne portait aucune trace de foulure et d'écrasement. Un seul arbre s'élevait du milieu des touffes d'aubépine, étendant ses branches sur un petit chemin qui longeait le clos de ce côté et sur le clos même; mais le feuillage était à plus de vingt pieds du sol. A supposer que l'on eût été assez hardi pour en tenter l'ascension du côté du chemin, il eût fallu se laisser tomber du haut des branches, au risque de se casser le cou, de s'empêtrer dans la haie, et cela sans avoir le moyen de se retirer par la même voie. Aussi, ni Poitevin ni Guingret n'osèrent-ils soutenir la possibilité d'une pareille entreprise.

Alors le magistrat demanda combien il existait de clefs de la porte extérieure. Guingret convint lui-même qu'il y en avait trois : l'une dont s'était servi Denis et qu'on avait retrouvée dans sa poche. Poitevin et son maître gardaient les deux autres, mais Guingret avoua franchement que depuis la veille il s'était emparé de celle du jardinier pendant qu'il était ivre. Donc personne, excepté Denis, n'avait pu, par un moyen quelconque, s'introduire la nuit précédente dans la propriété.

A mesure que le pauvre marchand fournissait ainsi lui-même des preuves de la fausseté de ses suppositions, le juge, qui le connaissait depuis longtemps, le regardait d'un air triste et secouait la tête. Aux dernières explications de Guingret, il s'entretint bas avec ceux qui l'avaient assisté dans ces recherches, puis il reprit d'une voix émue :

— J'avoue, monsieur, que beaucoup de circonstances dans ce funeste événement me semblent inexplicables. Cependant il est prouvé que personne autre que M. Denis n'a pu s'introduire ici, que vous vous êtes levé au bruit et que seul vous avez dû vous trouver en face de votre gendre, après l'avoir déjà menacé la veille ; ces circonstances et d'autres encore, telles que votre irascibilité bien connue, votre pâleur de ce matin, semblent former contre vous un faisceau de preuves; aussi mon devoir... un devoir rigoureux, pénible, m'oblige...

— A me faire arrêter ! s'écria le malheureux en reculant par un mouvement involontaire.

Le juge fit un signe affirmatif.

— Il est donc vrai, monsieur ! dit Rufin avec terreur, comme s'il n'avait pas prévu cette catastrophe.

— Oh ! je suis innocent de ce crime ! répéta Guingret avec angoisse; messieurs, vous savez que j'ai toujours été un honnête homme... Je ne puis expliquer, moi, ce qui s'est passé pendant cette épouvantable nuit, mais, je vous le proteste, je suis innocent!

— Cela peut être, monsieur, dit le juge, mais certaines apparences vous accusent, et je suis forcé d'en déférer à une cour de justice. Du reste, ne vous effrayez pas trop des conséquences d'une arrestation devenue inévitable; ce meurtre sera considéré sans doute comme un accident qui ne pourra entraîner des peines bien sévères.

— Mais, mes enfants, mes pauvres filles, dit le bonhomme en pleurant, qui prendra soin d'elles, qui les consolera pendant que je paraîtrai devant des juges comme un infâme assassin?

— Moi, mon ami! dit Rufin en se jetant dans ses bras.

Le magistrat instructeur donna des ordres à voix basse; des soldats et des gens de police s'approchèrent.

— Désirez-vous voir vos enfants avant de partir? demanda le juge avec douceur.

Le prisonnier hésita un moment, mais il eut le courage de refuser; il craignit sans doute que la force ne lui manquât pour ces pénibles adieux, et on se mit en marche.

Le bruit que fit la porte extérieure en s'ouvrant et les cris de la foule, dès que parut Guingret, tirèrent de la torpeur où elles étaient plongées depuis leur interrogatoire les deux malheureuses sœurs. Agathe courut à la fenêtre et tendit les bras vers son père que l'on entraînait.

— Attendez-nous, attendez-nous, s'écria-t-elle d'une voix perçante qui domina les clameurs de la rue, nous allons le suivre, nous voici...

Elle saisit la main de sa sœur et voulut l'entraîner.

— Viens, viens, dit-elle avec égarement : on l'emmène prisonnier... C'est notre père!... notre devoir est de l'accompagner partout, de le consoler, de l'aimer toujours... viens.

Honorine resta immobile.

— Laisse-moi, dit-elle d'une voix sombre. Il m'avait bien

dit qu'il me vengerait; mais je maudis son horrible vengeance!

— Et toi aussi, ma sœur, tu crois à cette infâme calomnie? s'écria Agathe éperdue. Mais, je le vois, continua-t-elle vivement, tu cherches un prétexte pour ne pas le suivre, j'irai seule.

Elle s'élança vers la porte, Rufin lui barra le passage.

— Arrêtez, mon enfant, il est parti.

— Je veux leur dire au moins qu'il est innocent !

— Il ne vous croiront pas.

— Il est innocent, je le jure!...

— Ne jurez pas, mon enfant, dit Rufin d'une voix triste, Dieu, qui seul connaît la vérité, réprouverait peut-être votre serment!

III

La visite.

Guingret, malgré les charges qui s'élevaient contre lui, fut acquitté par la cour d'assises d'Orléans, après un long et curieux procès dont le souvenir est resté dans les fastes judiciaires du Loiret. Si, d'une part, il était impossible de comprendre comment un autre que lui avait pu donner la mort à Hyacinthe Denis, au milieu d'une nuit obscure, dans un lieu parfaitement clos, il était difficile, d'autre part, de s'expliquer la tranquillité de Guingret dans la matinée qui suivit le meurtre, son étonnement à la vue des dispositions prises autour du mûrier, et surtout l'inconcevable sentiment qui l'avait poussé à la recherche du cadavre en compagnie de ses enfants, c'est-à-dire de deux femmes faibles et timides, dont l'une était l'épouse de la victime. A la vérité, l'accusateur public soutint que l'accusé avait pu très-bien ignorer les suites du coup porté à son gendre. La nuit était noire au moment de l'événement; peut-être Guingret avait-il cru son adversaire en fuite alors qu'il était tombé mort dans les broussailles. Quoi qu'il en fût de cette hypothèse, elle ne prévalut pas. D'ailleurs, en admettant même la culpabilité de Guingret sur tous les points, que restait-il devant les juges? Un honnête père de famille, un propriétaire qui, éveillé au milieu de la nuit par un malfaiteur, s'était armé d'une pierre et avait frappé au hasard un homme qu'il trouvait en flagrant délit de dégradation dans son jardin. Les jurés, presque tous propriétaires, excusèrent la colère légitime et naturelle d'un propriétaire en présence d'un délit commis chez lui et sous ses yeux; enfin, ils prirent le parti que doivent prendre des gens sages et consciencieux dans ces causes mystérieuses, dont la plupart des circonstances sont obscures : ils rendirent un verdict de non-culpabilité.

Guingret put donc rentrer dans la vie commune; mais ce procès, malgré son issue favorable, lui avait causé des pertes irréparables. Nous savons déjà qu'il était d'un tempérament exalté; dans les organisations de ce genre, la tête est faible d'ordinaire; aussi la solitude de la prison, les angoisses des débats, les perpétuelles contradictions qu'il avait à éprouver, et peut-être la conscience de son innocence, le jetèrent-ils dans un état violent d'irritation, qui augmenta graduellement et produisit des accès de véritable folie. Ce ne fut donc plus qu'un pauvre insensé que la justice rendit à la société, et peut-être cette aliénation mentale même fut-elle une des causes principales de son acquittement.

Agathe, Honorine, et le peu d'amis restés fidèles à Guingret dans son infortune, espérèrent un moment que la liberté, les distractions, le calme, rétabliraient son esprit malade. Malheureusement, tout n'était pas fini avec le passé; si le pauvre homme, dans ses moments lucides, semblait disposé à l'oublier, bien des personnes, volontairement ou involontairement, le lui rappelaient. L'opinion publique, malgré les précédents honorables de Guingret, n'avait pas sanctionné le jugement officiel; le vulgaire, qui, dans ces sortes d'affaires, n'a ordinairement qu'une connaissance très-superficielle de la cause, trouve bien plus simple de trancher la question en admettant la culpabilité, que de pénétrer dans les circonstances intimes du procès pour les étudier et en peser la valeur. Le pauvre marchand de la rue Royale en eut la preuve. Ceux qui autrefois étaient heureux et fiers de lui serrer la main, d'accepter une invitation de passer un dimanche à son jardin, ne le saluaient plus et se détournaient avec mépris quand il allait les aborder. Ses parents ne lui avaient donné aucune marque de sympathie pendant son procès; sa propre sœur, la mère du petit Pépère, s'était empressée de retirer son fils, qui était en pension à Orléans sous la surveillance de Guingret, et de l'envoyer continuer ses études à Paris, loin d'un oncle déshonoré. Enfin, il n'était pas jusqu'à cette population du faubourg d'Olivet, si bienveillante jusque-là pour le bonhomme, qui ne lui montrât de la réprobation. Quand il se rendait paisiblement, comme autrefois, à son jardin, il entendait murmurer sur son passage :

— Tenez, voici celui qui a assassiné son gendre.

On conçoit quels assauts cette haine générale devait donner à une intelligence déjà affaiblie par les luttes judiciaires. Elle reçut bientôt le dernier coup. Nous avons déjà fait pressentir qu'Honorine, la veuve de Denis, croyait à la culpabilité de Guingret ; cette croyance n'avait pas changé pendant le cours des débats. La malheureuse jeune femme avait pensé bien des fois en frémissant à l'épouvantable situation où elle se serait trouvée si la loi avait pu la mettre dans la nécessité d'accuser son père devant les juges. Quand Guingret eut été acquitté, Honorine ne s'éloigna pas de lui ; elle voulut partager avec sa sœur les soins et les prévenances dont Agathe entourait son père. Mais celui-ci ne put se méprendre sur le véritable motif de sa fille aînée en agissant ainsi : c'était le devoir et non plus l'affection qui la dirigeait. Plusieurs fois, en l'embrassant, il l'avait vue pâlir, frissonner ; l'ombre de Denis assassiné se plaçait sans cesse entre elle et lui. Cette pensée, plus que tout le reste, déchira le cœur du marchand. Il tomba dans une noire misanthropie, qui dégénéra plus tard en une sorte d'imbécillité réputée incurable.

Quand cet arrêt eut été prononcé par les médecins, il se fit un grand changement dans la position de la famille Guingret. Le fonds de commerce fut vendu à vil prix, et ce fut là, avec les dépenses occasionnées par le procès, un commencement de ruine pour cette modeste maison. Le notaire Rufin, malgré sa conviction personnelle au sujet du meurtre de Denis, n'avait pas abandonné son ami comme tant d'autres ; il fut nommé juridiquement curateur des biens du pauvre aliéné et de sa fille mineure, dont il avait déjà la confiance. Mais cette fortune, après tant de pertes, se réduisait à bien peu de chose. Agathe et son père se retirèrent à la petite maison du faubourg, à laquelle Guingret, dans sa folie, était encore plus attaché qu'autrefois ; et là ils vécurent dans une médiocrité voisine de l'indigence. Quant à Honorine, ne pouvant dominer l'irrésistible sentiment d'horreur que lui inspirait son père depuis la catastrophe, elle entra dans un couvent où elle fit des vœux.

Dix ans s'écoulèrent ainsi ; ce long espace de emps n'avait apporté aucun changement favorable dans la position du pauvre insensé et de sa fille. Un moment même la petite propriété du faubourg, ce dernier débris de la fortune de l'ex-marchand, avait été sur le point d'être vendue ; la redoutable affiche judiciaire avait paru sur la porte extérieure du jardin. Si la vente annoncée avait eu lieu, sans doute Guingret n'y eût pas survécu. Heureusement Rufin était venu en aide à son ancien ami ; bien qu'il ne fût pas riche, il avait trouvé moyen de se procurer des fonds pour dégrever la propriété des hypothèques par suite desquelles on allait exproprier l'ancien négociant ; ainsi le père et la fille avaient trouvé un peu de repos qui pouvait, hélas ! ne pas durer longtemps.

Dans cette période, qui avait pourtant amené tant d'événements politiques, on n'avait pas encore oublié à Orléans le fatal procès de Guingret ; un des caractères de nos provinces est que le souvenir s'y perpétue ; la tache imprimée au front d'une famille ne s'y efface jamais. La maison de l'ex-marchand était notée d'infamie comme celle du bourreau ; personne ne s'y arrêtait plus, et le débit des feuilles de mûrier avait cessé. Pendant le procès, l'arbre avait été dépouillé de ses feuilles aussi complétement que si l'hiver l'eût frappé, mais au printemps suivant aucun chaland ne se présenta ; l'anathème s'étendait du propriétaire aux productions de la propriété. Aussi

Agathe ne sortait-elle que pour des motifs pressants de l'enceinte du petit domaine; c'était à peine si son père avait mis deux fois le pied hors de chez lui depuis qu'il s'était retiré définitivement à Olivet.

Voilà donc quelle avait été l'histoire de cette famille, lorsqu'un jour de juin 1820, un jeune homme de vingt à vingt-deux ans, quoique ses traits pâles et graves pussent en accuser davantage, descendait lentement le faubourg, dans la direction de l'habitation de Guingret. Ce jeune homme, vêtu avec élégance, suivant la mode de l'époque, regardait à droite et à gauche chaque maison, comme un passant qui traverse une ville pour la première fois. Cependant, l'intérêt qu'il prenait à cet examen eût fait croire plutôt qu'il retrouvait des souvenirs qui, eu égard à sa grande jeunesse, ne pouvaient remonter bien haut.

En arrivant en vue de la maison de l'ancien marchand, il s'arrêta tout à coup. Une étrange expression d'égarement se peignit sur sa physionomie; ses lèvres s'agitèrent, comme s'il eût prononcé des paroles que personne ne pouvait entendre.

Cet état violent dura peu; bientôt l'étranger continua son chemin du même pas tranquille et lent. Devant la porte de Guingret, il s'arrêta de nouveau; cette fois son émotion fut si vive, qu'il s'appuya contre la muraille comme s'il eût été saisi d'un étourdissement subit. Enfin, il surmonta des sentiments tumultueux, et, poussant doucement la porte entr'ouverte, il pénétra dans la cour.

Son premier mouvement fut de s'adresser à la loge habitée autrefois par le jardinier-concierge; mais, à la suite du procès, Poitevin avait quitté l'habitation, après avoir dévasté le jardin, et n'avait pas été remplacé. L'unique servante, employée aux soins du ménage, était absente en ce moment. L'étranger pouvait donc croire qu'il n'y avait personne pour l'introduire. Cette circonstance ne sembla pas lui être désagréable, soit qu'il eût besoin de quelques minutes encore pour se recueillir, soit qu'il voulût examiner les changements opérés dans la localité depuis plusieurs années.

La maison seule avait subi des modifications importantes : un étage entier avait été ajouté à la construction primitive, mais sans changer la disposition des pièces qui la composaient autrefois. Le propriétaire qui, dans sa folie, tenait essentiellement au *statu quo*, s'était à peine aperçu de cet exhaussement, devenu nécessaire pour son logement et celui de sa fille. Du reste, excepté l'habitation, tout avait absolument le même aspect que dix ans auparavant; le jardin était encore divisé en quatre grands carreaux de légumes et encadré dans les mêmes murailles blanches. Au fond, on voyait le célèbre mûrier, couvert d'une luxuriante verdure; à gauche, la terrasse avec ses tilleuls taillés en berceau, qui protégeaient le banc de bois contre les rayons du soleil.

Il serait difficile de rendre l'effet de ce simple et tranquille tableau sur l'inconnu; sa figure s'empourpra, ses yeux se torturèrent dans leur orbite, sa poitrine se souleva oppressée; puis, comme s'il eût obéi à un mouvement irrésistible et machinal, il se retourna brusquement pour s'enfuir.

Une voix douce, qui se fit entendre du haut de la terrasse, le retint sur le seuil. Il leva la tête; Agathe descendait le perron pour venir à lui. Agathe avait alors vingt-six ans, et pour être plus âgée qu'au moment où commence cette histoire, elle n'était pas moins belle. Les chagrins, la solitude, l'habitude des réflexions sérieuses avaient donné à sa physionomie une sorte de noblesse mélancolique ; l'enfant rieuse et ingénue était devenue une femme réservée, dont les traits purs exprimaient la souffrance et la résignation.

Un grand étonnement se peignit sur son visage à la vue de l'inconnu qui s'était ainsi introduit chez elle. Cependant, après un rapide coup d'œil jeté sur sa propre toilette, aussi simple et aussi peu coûteuse qu'autrefois, elle s'avança pour lui demander les motifs de sa présence à la villa.

Par contraste, plus elle approchait, plus les nuages amoncelés sur le front de l'étranger semblaient se dissiper rapidement. Ce fut presque avec un sourire sur les lèvres qu'il salua la jeune fille, et qu'il lui dit avec politesse :

— Excusez-moi, mademoiselle ; mais ne trouvant personne pour m'introduire auprès de monsieur votre père, j'ai craint d'être indiscret, et j'allais m'éloigner...

Agathe l'examinait en silence.

— Monsieur, dit-elle enfin avec tristesse, vous n'ignorez pas sans doute que mon père n'est plus en état de recevoir de visites... Si cependant vous vouliez me dire à qui j'ai l'honneur de parler...

L'étranger fut visiblement contrarié de se présenter lui-même.

— Mademoiselle, balbutia-t-il avec embarras, j'espérais qu'un de vos amis les plus chers, M. Rufin, le notaire, vous aurait annoncé l'arrivée...

La figure de la jeune fille s'épanouit à ce nom.

— Ah ! si vous venez de la part de M. Rufin, dit-elle gracieusement, veuillez me suivre, monsieur. Notre respectable ami ne nous a encore annoncé la visite de personne; cependant, mon père et moi nous vous recevrons avec plaisir.

Sans doute, comme elle venait de le dire, son père n'était plus en état de faire les honneurs de la maison; mais Agathe, par un sentiment de convenance, avait jugé qu'il valait mieux accueillir cet inconnu au nom du maître de la maison qu'en son nom propre. Ce fut pour le même motif qu'elle l'introduisit dans la pièce où était Guingret.

Le bonhomme avait alors près de soixante ans, mais il n'était réellement pas devenu méconnaissable. Malgré tant de revers, l'âge et le défaut d'exercice lui avaient même donné un certain embonpoint; en revanche, sa tête était complétement chauve, ses yeux étaient ternes, sans expression, ses traits avaient perdu leur animation. Il était assis dans un fauteuil de jonc, à l'entrée de cette chambre dont nous avons fait connaître la décoration bizarre; un siége vide à côté de lui et un panier à ouvrage désignaient la place qu'occupait Agathe un moment auparavant.

A la vue de l'étranger, il se leva par une vieille habitude de politesse, et salua d'un air empressé.

— Veuillez attendre, monsieur, dit-il, comme s'il répondait à une question qu'on ne lui avait pas adressée; vous allez être servi à l'instant même. Agathe, un siége, mon enfant, je vais moi-même cueillir des feuilles fraîches sur le mûrier.

Il voulut sortir; sa fille le retint, et dit avec tristesse en regardant l'étranger :

— Mon père, monsieur ne vient pas chercher de feuilles de mûrier; vous savez bien...

— Voilà ce que tu me dis toujours, reprit l'aliéné d'un ton d'humeur, comme s'il n'y avait plus de vers à soie dans la ville d'Orléans! Mais je vois ce que c'est, continua-t-il en regardant l'inconnu, mes ennemis m'ont encore calomnié auprès de vous. Imaginez, monsieur, qu'ils ont été jusqu'à dire que je falsifiais mes feuilles de mûrier! quelle infamie! Mais ne les croyez pas... tous mes paquets de feuilles sont timbrés de mon cachet, et je défie les malveillants de prouver leur assertion.

Il sembla perdre ici le fil de ses idées, et murmura avec l'accent de la colère :

— Oh! les ennemis, les ennemis!

Puis il se rassit et tomba dans une morne insensibilité, caractère habituel de sa folie.

Le visiteur suivait avec une expression de douleur réelle chaque mouvement de l'aliéné. Agathe lui dit à demi-voix :

— Vous voyez, monsieur, à quoi de grands chagrins ont réduit mon pauvre père, et j'en suis venue à le trouver heureux d'avoir perdu sa raison... Mais veuillez vous asseoir, monsieur, ajouta-t-elle, en lui désignant une chaise en face d'elle; j'oublie que nos malheurs ne doivent occuper que nous.

L'étranger répondit d'une voix pénétrante :

— Cependant, mademoiselle, j'aurais plus de droits que d'autres à m'intéresser au sort de votre père... au vôtre, Agathe... bien que vous n'ayez conservé aucun souvenir de moi.

— De vous, monsieur? dit la jeune femme en le regardant fixement.

— J'aurais désiré, reprit l'étranger, que M. Rufin, notre ami commun, vous eût prévenue de ma visite; mais, arrivé ce matin, je n'ai pu maîtriser plus longtemps mon impatience. Je comptais que je n'aurais pas besoin de vous dire mon nom.

— Attendez! s'écria Agathe, frappée d'une idée, vous êtes...

— Prosper, Prosper Latour, votre cousin! dit l'étranger en fondant en larmes. Agathe, ne l'aviez-vous pas deviné?

La jeune fille tendit sa main à Prosper.

— Mon cousin, répliqua-t-elle, excusez-moi; il était difficile de reconnaître en vous l'écolier espiègle qui venait, au temps de notre prospérité, passer le dimanche avec nous. D'ailleurs, vous l'avouerai-je? mon père et moi, nous croyions n'avoir plus de famille. Elle s'est éloignée de nous dans un moment funeste où nous avions pourtant besoin de consolations et de secours, et nous nous sommes habitués à songer qu'elle n'existait plus... Aussi nous était-il permis de ne pas reconnaître dès l'abord un parent qui, après dix ans d'oubli, nous donnait enfin une preuve d'intérêt en venant nous visiter.

L'amertume de ces paroles fit baisser la tête à Prosper Latour; il répondit d'un air de confusion :

— En effet, Agathe, ma famille a eu de grands torts envers vous. Ma mère, la première, a été bien cruelle en me retirant tout à coup de ma pension d'Orléans pour m'envoyer au loin. Cependant, Agathe, de l'endroit où j'étais, au milieu des études qui occupaient ma vie, je pensais souvent à vous, si douce et si bonne, à mon cher et malheureux oncle, dont je savais... j'étais sûr...

Agathe l'interrompit avec vivacité :

— Je vous crois, Prosper ; vous étiez si jeune, vous n'aviez jamais eu à vous plaindre de mon père ; vous avez dû éprouver quelque pitié pour notre déplorable position ; mais vous conviendrez du moins que cette pitié a été stérile? Quand vous étiez enfant, soumis aux préventions inflexibles de votre mère, vous ne pouviez donner à un parent malheureux, frappé d'une injuste réprobation, les marques d'affection auxquelles il avait droit de votre part ; mais, depuis plus de deux ans, Prosper, votre mère est morte et vous a laissé libre de vos actions, de vos pensées... Vous êtes riche, nous le savons ; nous savons aussi que, malgré votre jeunesse, vous avez déjà acquis de vastes connaissances dans les sciences. Nous devions espérer que cette supériorité sur le commun des hommes vous affranchirait au moins des odieux préjugés dont nous sommes victimes.

Pour s'expliquer l'aigreur de ces reproches, il faut songer que depuis dix ans la pauvre Agathe voyait son père abandonné du monde entier : une quantité de fiel et de colère avait dû s'amasser dans son cœur. Cependant le jeune Latour, sans être embarrassé par cette explosion d'indignation légitime, releva la tête et dit timidement :

— Êtes-vous bien sûre, ma cousine, que j'aie mérité les reproches dont vous m'accablez? Êtes-vous bien sûre... Allons, continua-t-il, comme s'il se parlait à lui-même, on m'a bien gardé le secret.

— De quel secret parlez-vous? demanda Agathe surprise.

— Pardieu! j'arrive au bon moment, dit une voix cassée sur la terrasse; on en est déjà aux révélations!

En même temps, le notaire Rufin, dont, au milieu de la conversation, on n'avait pas reconnu le pas lent et lourd, entra dans la chambre, appuyé sur sa canne. Agathe et son cousin se levèrent précipitamment. Le vieillard alla d'abord serrer la main de Guingret, qui reçut d'un air d'indifférence parfaite cette marque d'affection; puis il prit place entre les deux jeunes gens.

— Monsieur Latour, dit-il, ce n'est pas ma faute si vous avez des jambes plus jeunes et plus lestes que les miennes. Vous auriez dû contenir un peu votre impatience; cela vous eût épargné un accueil, sinon peu amical, du moins passablement froid... Oh! ne vous récriez pas, Agathe; souvent vous vous êtes plainte à moi de l'égoïsme, de l'ingratitude de votre famille; mais souvenez-vous aussi que je vous ai toujours dit, en termes vagues, que vous vous repentiriez peut-être un jour de cette colère!

— Mais, enfin, mon bon monsieur, veuillez vous expliquer...

— Je parlerai donc, puisqu'on me dégage d'une parole donnée solennellement. Agathe, à l'époque où cette maison allait être vendue à la requête d'un implacable créancier, je vous apportai un beau jour toute la somme dont on avait besoin pour acquitter les dettes de votre père, en vous disant de ne pas trop vous inquiéter du remboursement et que le bailleur de fonds prendrait patience...

— Et ceci, mon cher Rufin, m'a donné à penser que vous étiez venu à notre secours avec vos propres ressources.

— Hélas! mon enfant, je suis le plus pauvre notaire du département, et je gagne à peine dans mon étude de quoi fournir à mes besoins. Or, ce que je ne pouvais faire, un autre l'a fait. Au moment où j'étais au désespoir de vous voir à cette extrémité, je reçus une lettre de Paris; on me demandait des détails sur vous, sur votre père, et tout en me recommandant le plus grand secret, on mettait à ma disposition, pour être employée à votre usage, une brillante fortune que l'on venait d'hériter... C'était un coup du sort. J'acceptai pour vous... Vous savez le reste. Voici votre créancier, M. Prosper Latour.

Agathe se leva, et, dans un élan irrésistible de reconnaissance, elle embrassa son cousin.

— Prosper, s'écria-t-elle, pardonnez-moi mes injustes reproches! Je ne savais pas combien vous étiez bon, généreux, compatissant! Je ne savais pas que c'était à vous que nous devions notre tranquillité présente et passée! Oh! pardonnez-moi, Prosper... ou plutôt mon cousin, mon digne parent!

Et avant qu'il eût pu répondre un mot, Agathe l'entraîna vers Guingret.

— Mon père, reprit-elle, embrassez-le donc! C'est votre neveu, Prosper Latour! Vous vous souvenez bien de lui?... le petit *Pépère*, cet enfant mutin contre lequel vous aviez l'air de vous mettre en colère quand il vous avait fait quelque malice, et dont vous riiez de si bon cœur lorsqu'il n'était plus là! Mais regardez-le donc : c'est Pépère, le petit Pépère.

Ce nom souvent répété attira enfin l'attention de Guingret,

— Pépère? dit-il en se redressant d'un air hébété et en regardant autour de lui; où est-il donc, le petit diable? où est-il, que je lui tire un peu les oreilles?

— Il est devant vous.

L'insensé regarda fixement Prosper.

— Ce n'est pas lui, dit-il enfin en détournant la tête; Pépère était tout petit.

— Mais il a grandi. Songez donc qu'il y a dix ans que vous ne l'avez vu; c'est un homme maintenant.

— Ce n'est pas lui, répéta tranquillement Guingret.

— Mon cousin, reprit Agathe en s'adressant à Prosper, pâle et tremblant, si vous voulez qu'il vous reconnaisse, qu'il vous aime, qu'il éprouve dans sa misère un moment de consolalation, dites-lui qu'il n'est pas l'auteur du meurtre d'Hyacinthe Denis... Dites-lui cela; car c'est la seule chose qu'il puisse encore comprendre.

— Non, non, ce n'est pas lui! s'écria Prosper d'un ton singulier.

Agathe et Rufin se regardèrent avec étonnement.

Le jeune homme s'agita en prononçant des paroles entrecoupées et inintelligibles; puis il s'achemina rapidement vers la porte en murmurant:

— Adieu! adieu!

Mais Guingret, comme l'avait annoncé sa fille, avait compris les dernières paroles de son neveu. Il se leva radieux et courut à lui.

— Eh bien! eh bien! s'écria-t-il d'un air amical, on a donc découvert la vérité? On a donc arrêté le véritable assassin?

Prosper, sans qu'on sût la cause de son action, répéta encore : « Adieu ! adieu ! » et s'enfuit sans écouter la voix des assistants qui le rappelaient.

Agathe et Rufin étaient stupéfaits.

— Pouvez-vous expliquer cette étrange conduite, ce départ si brusque, si inconcevable ? demanda la jeune fille.

— Mon enfant, dit le notaire en baissant la voix, le domestique de confiance de M. Latour m'a fait pressentir une triste vérité : c'est que les fatigues excessives de l'étude ont un peu dérangé les facultés de votre cousin.

— Quoi ! il serait...

— Pas tout à fait comme votre père ; mais il a des moments... *d'absence.*

— Pauvre jeune homme ! dit Agathe en versant une larme. Ainsi donc le travail, comme la douleur, peut bouleverser la raison ! Mais, enfin, monsieur, vous savez au moins quel est le motif de son voyage ici ?

Rufin réfléchit quelques secondes.

— Ma foi, répliqua-t-il, il faudra bien, tôt ou tard, vous le dire... Mon enfant, il vient ici pour vous épouser.

— M'épouser ! moi ! un...

— Il faut voir ! il faut voir ! dit Ruffin en hochant la tête.

IV

Les deux insensés.

Un mois s'écoula; chaque jour Prosper revenait à la maison du faubourg, et il se montrait bien différent de ce qu'il avait semblé à Rufin et à Agathe lors de sa première visite. Loin d'être fantasque et mystérieux, comme on l'avait supposé d'abord, il était vif, enjoué, plein de convenance et de politesse; empressé près de sa cousine, indulgent et complaisant avec l'insensé, respectueux, plein de déférence avec le vieux Rufin, il avait su se concilier l'affection de tout le monde à la villa.

Cependant les soupçons qu'avait conçus Agathe et que les rapports d'un domestique indiscret avaient confirmés tinrent la jeune fille et son tuteur en garde contre les actions et les paroles de Latour; mais, à leur grand étonnement, rien de ce qui avait d'abord excité leur défiance ne se renouvela. Prosper parlait avec une réserve excessive du passé, mais cette réserve était commandée par un sentiment bien naturel des convenances. Bref, au bout de quelques jours, Agathe et Rufin avaient reconnu que la première impression les avait complétement trompés. N'était-il pas concevable en effet qu'un jeune homme, de constitution frêle et nerveuse, eût éprouvé une émotion voisine du délire en revenant après dix ans dans ce lieu qu'il avait fréquenté tout enfant, où il avait passé des moments si tranquilles et où il retrouvait des souvenirs de meurtre, un parent devenu insensé, une cousine, pauvre enfant innocente, qui supportait le poids d'un nom flétri? Agathe se reprochait comme une ingratitude l'opinion qu'elle avait conçue d'abord de ce parent délicat et généreux.

D'ailleurs, Latour avait eu occasion plusieurs fois de montrer dans la conversation une élévation de vues, une érudition, une étendue de connaissances, bien capables d'effacer de fâcheux préjugés. Sans doute ni Rufin ni Agathe, un vieux légiste et une jeune fille ignorante, ne pouvaient rigoureusement apprécier un savant qui s'appliquait depuis plusieurs années à l'étude des sciences transcendantes, dans lesquelles, disait-on, il avait obtenu de brillants succès. Mais Prosper était si lucide dans ses opinions, il savait si bien mettre les matières les plus abstraites à la portée de ses auditeurs, qu'il était impossible de ne pas reconnaître l'immense supériorité de cette intelligence dont le développement précoce tenait peut-être à une cause occulte. Bien plus, cette érudition même était une excuse des petites singularités qu'on pouvait remarquer en lui à longs intervalles ; et quand une distraction ou un mot bizarre de sa part avaient attiré l'attention d'Agathe, Rufin disait tout bas en souriant :

— Que voulez-vous ! un savant est toujours un peu *original*; ces gens-là ne voient pas comme les autres, et il paraît qu'ils ne pourraient être savants sans cela.

Un mois donc après l'arrivée de Prosper Latour, il y eut à la maison de campagne un dîner d'apparat, où se trouvèrent réunis tous les personnages importants de cette histoire. Honorine y assistait en habit de religieuse, bien que la règle de son couvent lui défendît d'y prendre part. Agathe, assise à côté d'elle, était mise avec une recherche inaccoutumée ; Rufin et Prosper portaient un costume de cérémonie ; Guingret lui-même avait passé un antique habit noir qui depuis longtemps n'avait pas vu le jour. Tous avaient un air grave, comme au moment d'accomplir un acte de haute importance.

Le dîner venait de finir, et il n'avait pas encore été question du motif de cette réunion, lorsque, sur un signe suppliant de Prosper, le vieux Rufin dit à Agathe du ton d'une bienveillante familiarité :

— Eh bien, mon enfant, aujourd'hui nous ferez-vous enfin une réponse positive et favorable à la demande que je vous ai adressée au nom de votre cousin ? Vous avez sans doute réfléchi aux diverses considérations que j'ai mises sous vos yeux ; c'est à vous maintenant de décider de votre sort et de celui de cet excellent jeune homme... vous savez que votre sœur et moi nous avons déjà approuvé ce projet d'union.

Agathe rougit, et elle allait répondre lorsque Prosper fit signe qu'il désirait parler.

— Avant de connaître votre décision, ma chère Agathe,

dit-il timidement, j'éprouve le besoin de vous rappeler que la reconnaissance ne doit influer en rien sur vôtre réponse. Quand je vous ai connue, Agathe, ici, dans cette maison où depuis ont coulé tant de larmes, je n'étais qu'un enfant frivole et étourdi; cependant votre souvenir m'a suivi pendant ma longue absence, il a grandi avec moi, il a occupé mon âme tout entière lorsque je suis devenu homme. C'est à cette affection seule, Agathe, que je voudrais devoir votre main; je compte donc assez sur votre franchise pour croire qu'aucune autre considération ne vous déterminera.

Rufin ne comprenait pas trop ces susceptibilités, mais Honorine, qui avait été femme du monde avant de renoncer au monde, approuva d'un signe les observations de Prosper. Quant à Agathe, la noblesse de ce sentiment appela des larmes dans ses yeux.

— Je vous remercie, Prosper, répondit-elle; votre délicatesse m'est connue. Cependant, permettez-moi de vous le demander à mon tour, avez-vous bien réfléchi à l'engagement indissoluble que vous voudriez contracter? J'ai désiré que cette conversation eût lieu en présence de ma sœur aînée, qui est aujourd'hui pour moi comme une mère; de notre vieil ami, à qui je dois tant de reconnaissance ; de mon malheureux père, qui ne peut pourtant plus comprendre qu'il s'agit du sort de sa fille... Eh bien! devant ces trois personnes, qui résument tout ce que j'aime et tout ce que je vénère le plus après Dieu, je vous demande si vous avez bien senti à quoi vous vous engagiez par ce mariage?

— Agathe! s'écria le jeune homme en se levant impétueusement, je vous jure...

— Laissez-moi parler, Latour, dit Agathe avec une douce autorité; car en ce moment j'accomplis un grand devoir envers vous et envers moi-même. Si l'affection dont vous parlez vous aveugle sur les conséquences possibles de cette union, je dois vous les mettre sous les yeux... Et d'abord, Prosper, j'ai plusieurs années de plus que vous, et dans peu de temps je ne serai plus cette jeune fille que vous aimiez, dites-vous, dès votre enfance. Je ne possède rien, quand vous auriez le droit d'exiger de votre femme une fortune au moins égale à la vôtre; enfin, Prosper, et c'est là surtout que je ne veux pas vous surprendre, je vous apporterai, en échange de votre nom, un nom honorable, je le sais, mais flétri aux yeux du monde. Avez-vous songé que mon père, ce pauvre insensé, a été accusé d'un meurtre horrible, traîné devant des juges... et, continua-t-elle en désignant Rufin et Honorine, qui baissaient la tête, que son meilleur ami et sa fille aînée elle-même croient encore à cette épouvantable accusation?

Un silence profond suivit ces paroles.

— Agathe, reprit Prosper avec un accent pénétré, ma réponse est prête. Qu'importe l'âge, qu'importe la fortune, puisque je vous aime! Quant à cette accusation que l'on s'est obstiné à faire peser sur mon malheureux oncle, comme vous, je ne la crois pas fondée... Pour vous en donner la preuve, je vous supplie de m'associer, en m'accordant votre main, à l'œuvre d'abnégation que vous accomplissez envers cette triste victime des erreurs et des préjugés de toute une ville.

Agathe, par un mouvement spontané, lui tendit la main et lui dit d'un air solennel :

— Soit, Prosper; puisque les obstacles que j'ai dû vous mettre sous les yeux ne vous arrêtent pas, voici ma main; je vous la donne en présence de ma famille et de mes amis, en attendant que je vous la donne devant Dieu.

Cette scène si simple et si touchante avait vivement ému tous ceux qui en comprenaient le sens. Prosper remercia d'un air attendri sa future épouse; Rufin s'écria d'un ton amicalement grondeur:

— Et allons donc! pourquoi diable tant lanterner quand on est si près de s'entendre? Ces deux enfants m'ont, sur ma parole, arraché ma dernière larme! Vous aurez là une jolie et bonne petite femme, Latour; et vous, Agathe, vous ne vous repentirez jamais d'avoir épousé ce brave garçon... Je me charge du contrat; mais à quand la noce?

— Il faut, avant tout, dit timidement la religieuse, obtenir de notre saint-père le pape la dispense de mariage entre cousin et cousine. Je me chargerai de ce soin.

Les deux sœurs s'embrassèrent.

— Et maintenant que tout va pour le mieux à l'égard du sentiment, reprit Rufin, nous pouvons aussi parler un peu d'affaires; que voulez-vous, c'est ma partie à moi! Eh bien, Agathe, si vous aviez refusé d'épouser ce digne Prosper, votre père n'en eût pas moins eu une belle et bonne rente, constituée sur sa tête et sur la vôtre, après lui.

Le vieux notaire tira de sa poche un volumineux papier couvert d'une écriture menue et serrée.

— Vous êtes le plus généreux des hommes! dit Agathe à son fiancé; vous n'avez pas voulu rendre votre oncle victime de mon refus... oh! merci, merci pour lui. Mais, ajouta-t-elle en rougissant, puisque maintenant un autre contrat est devenu nécessaire, ne serait-il pas bon de déchirer celui-ci?

— Non, ma chère cousine, dit Prosper d'un air pensif; laissons-le subsister... Qui sait ce qui peut arriver?

— Et mon père, mon pauvre père, ne comprend pas cela! dit Agathe en se tournant vers le vieillard, toujours morne et abattu; il ne peut bénir sa fille, remercier son bienfaiteur, espérer dans l'avenir, comme nous!

Honorine et le vieux Rufin échangèrent un regard, mais ils ne dirent rien. La religieuse se leva; la nuit approchait, et il était l'heure de rentrer au couvent.

— Adieu, ma sœur, dit-elle d'une voix mélancolique; puisse le mariage que tu vas contracter être plus heureux que le mien! Je te reverrai bientôt.

Elle salua et elle allait sortir :

— Ma sœur, lui dit Agathe avec un accent de douloureux reproche, tu oublies d'embrasser ton père.

La religieuse revint sur ses pas et déposa un baiser rapide sur le front du vieillard, qui ne sembla pas s'en apercevoir; puis elle sortit pour cacher la pâleur que cette action avait appelée sur son visage.

— Quels remords éprouverait cette pauvre Honorine, dit Agathe en soupirant, si elle venait jamais à avoir la preuve que notre père...

— Elle n'aura jamais cette preuve, dit Rufin en coupant court à ces souvenirs pénibles; mais laissons cela, ma fille. La soirée est délicieuse... si nous descendions au jardin?

13.

— Oui, oui, allons au jardin, dit Guingret avec une joie d'enfant.

— Au jardin! à cette heure? dit Prosper.

— Oui, mes amis, reprit Agathe en souriant, allez faire un tour de promenade pendant que je resterai seule ici quelques moments; j'irai vous rejoindre bientôt.

— Allons, que diable! la pauvre petite a besoin de se recueillir après une pareille conversation, dit Rufin. Venez, elle ne tardera pas.

Il entraîna Prosper, qui semblait avoir une sorte de répugnance pour cette promenade, et ils descendirent au jardin, précédés par Guingret.

Le soleil était couché depuis une demi-heure, et déjà la teinte violette qu'il avait laissée à l'horizon commençait à s'effacer. Les bruits du faubourg voisin s'éteignaient peu à peu, les formes se dégradaient lentement à la vague et brumeuse lueur du crépuscule, les promeneurs allaient et venaient d'un pas paisible dans l'allée principale. Rufin, pour occuper son compagnon d'un sujet agréable, lui parlait de sa prochaine union avec Agathe, de leur bonheur à venir. Prosper, cependant, l'écoutait avec distraction; il laissait son regard errer sur les objets environnants, et ne répondait que par monosyllabes. Quant à Guingret, fidèle à ses anciennes traditions de propriétaire, il enlevait çà et là les imperceptibles brins d'herbe qui saillaient au-dessus du sable des allées.

Néanmoins le notaire, remarquant qu'il faisait seul les frais de la conversation, s'interrompit brusquement :

— Je gage, Prosper, reprit-il, que je devine à quoi vous pensez en ce moment?

— Vous! dit Latour en tressaillant.

— N'est-ce pas que cette soirée si calme vous rappelle une autre soirée non moins calme et non moins belle, qui fut suivie cependant d'une épouvantable nuit? Oui, continua-t-il en jetant un regard lent et tranquille autour de lui, c'était dans cette saison-ci. Voyez, on dirait que rien n'a changé depuis cette fatale époque! Voilà encore le grand mûrier, les murailles blanches, la petite porte du clos. La nuit menace d'être sombre, comme celle dont nous parlons... Oui, oui, je comprends ce qui vous occupe, jeune homme; vous vous rappelez ce malheureux Denis, qui revint le soir avec nous à la ville, et qui le lendemain...

Prosper donnait le bras au notaire; il se dégagea par un mouvement saccadé, sans répondre un mot.

— Eh bien, eh bien, qu'avez-vous donc? demanda Rufin avec étonnement. Tudieu! quelle vivacité parce que j'ai effleuré un sujet délicat...

Prosper avait déjà fait quelques pas pour s'éloigner, quand une forme blanche et vaporeuse se plaça devant lui, et une voix un peu altérée demanda d'un ton de reproche :

— Quoi, Prosper, nous quitteriez-vous sitôt?

Le jeune Latour resta debout en face d'Agathe, l'œil fixe, prononçant des paroles inintelligibles; cependant l'obscurité ne permit pas de remarquer son trouble. Au moment où il s'approchait de sa fiancée, dont la vue semblait toujours rompre en lui un charme fatal, il se sentit entraîné dans une allée latérale par Guingret, qui murmurait d'un air de mystère :

— Venez, vous, je veux vous montrer quelque chose; et si vous revoyez mes ennemis, vous pourrez leur dire ce que vous allez voir.

Prosper obéit machinalement, sans savoir où on le conduisait; Rufin profita de ce moment pour dire à Agathe :

— Eh bien, mon enfant, il faut donc vous gronder toujours? vous venez encore de pleurer?

— Oh! mon ami, répondit la jeune fille, ne vous fâchez pas; pour cette fois, ce sont des larmes de bonheur que je viens de verser. Notre sort a si subitement et si heureusement changé! Mon père, maintenant, est assuré de passer la fin de ses jours à l'abri du besoin, et moi, Rufin, j'aime mon cousin, ce bon, ce généreux Prosper.

— Et vous avez raison, ma fille, dit Rufin de même; c'est un brave jeune homme, qui mérite votre affection. Cependant, il m'a semblé passablement chatouilleux sur certain chapitre, et je vous conseillerai, pour votre tranquillité, de ne jamais le presser trop au sujet... de l'événement que vous savez.

— Quoi! mon ami, après tant de protestations contraires, aurait-il avoué qu'il croyait...

— Il n'a rien avoué, Agathe; mais tout à l'heure, au moment où je lui rappelais assez maladroitement, il est vrai, ces fâcheux souvenirs, il a été sur le point de me disloquer le bras dans un transport de je ne sais quoi.

— Ecoutez donc! interrompit Agathe en prêtant l'oreille à une altercation assez vive qui avait lieu du côté du mûrier.

Guingret et Prosper parlaient haut, d'un ton animé. Le son de voix du jeune Latour avait surtout un caractère particulier.

— Dieu me pardonne ! reprit Rufin, Prosper a eu l'étourderie de contrarier votre père. On dirait qu'ils se disputent là-bas.

— Allons voir, dit Agathe tremblante.

Bientôt ils s'arrêtèrent. Quelques paroles, qu'ils venaient d'entendre distinctement, les avaient frappés d'étonnement et de terreur.

Comme nous l'avons dit, Guingret avait pris le bras de son neveu et l'avait entraîné sans que Prosper songeât à s'en défendre. Ce fut seulement quand ils arrivèrent en face de l'arbre témoin d'un meurtre, dix ans auparavant, que le jeune Latour comprit où il était. Il frissonna, une sueur froide coula sur son front.

— Non, non, dit-il, n'allons pas de ce côté.

L'oncle posa un doigt sur sa bouche et dit d'un ton mystérieux :

— Ecoutez : vous m'avez l'air d'un homme sensé ; nous pourrons nous comprendre. Je vais vous expliquer l'affaire telle qu'elle s'est passée. Si l'on répète devant vous les calomnies de mes ennemis, vous répondrez en connaissance de cause...

— Laissez-moi ! s'écria Prosper avec égarement.

— Non, je vais vous expliquer l'affaire, et vous verrez combien ils y ont mis de mauvaise foi. Imaginez, continua-t-il en désignant le pied du mûrier, qu'*il* avait creusé là un fossé...

— C'est vrai! s'écria Prosper.

— Eh bien, reprit le vieillard en le conduisant rapidement à l'autre angle du jardin et en lui montrant un petit parterre rempli de fleurs, comment expliquerez-vous qu'on l'ait trouvé là, à dix pas de l'endroit où il travaillait?

— Les framboisiers, où sont les framboisiers?

— Les framboisiers n'y sont plus, Agathe a voulu qu'on plantât des fleurs à la place, afin que les souvenirs... vous comprenez? Ainsi, puisqu'il était caché dans les framboisiers, on a très-bien pu, du haut de cette muraille, lancer la pierre qui l'a tué... Que dites-vous de cela?

— Allons donc, dit Prosper avec force, il n'était pas dans les framboisiers, il était dans l'allée, et il tomba au milieu.

— C'est vous qui mentez, s'écria Guingret avec colère. Prétendriez-vous savoir cela mieux que moi? Allez, allez, je croyais avoir affaire à un homme de bon sens, et vous n'êtes qu'un pauvre fou.

— Un fou! répéta Prosper en frappant du pied et en regardant son oncle avec des yeux enflammés; qui vous a dit que j'étais fou? Ce n'est pas vrai... j'ai mon bon sens, ma raison, moi... Essayez un peu de leur dire que c'est le petit Pépère qui a commis le meurtre... Ils ne vous croiront pas, ils vous riront au nez... ah! ah! ah!

Et il partit d'un éclat de rire. De son côté, Guingret prit une contenance discrète et dédaigneuse. On eût dit de deux hommes également ivres, dont l'un se fait en chancelant une dignité d'autant plus exagérée que son compagnon est plus bruyant.

— Le petit Pépère! reprit-il en haussant les épaules d'un air de pitié; je vois avec chagrin, mon cher monsieur, que votre cervelle est dérangée. Comment un enfant si jeune eût-il pu venir à bout d'un homme robuste comme Denis? Et d'ailleurs, comment Pépère eût-il pu entrer chez moi, je vous prie, quand il est prouvé...

— Ah! vous ne savez pas, reprit l'interlocuteur, avec un nouvel accès de gaieté frénétique, Pépère est tombé du ciel... oui, tombé du ciel comme un aérolithe... Mais vous ne savez pas ce que c'est qu'un aérolithe? Je vais vous le dire : c'est une pierre tombée du ciel, suivant les lois vulgaires de la pesanteur... en raison directe de leur masse et en raison inverse du carré des distances. L'analyse chimique a découvert dans la composition de ces pierres, débris de comètes qui se sont trouvées lancées dans l'attraction terrestre...

Au milieu de cet affreux désordre d'idées, le malheureux jeune homme s'interrompit tout à coup.

— Continuez, continuez, mon garçon, dit tranquillement Guingret; ce que vous dites là m'intéresse beaucoup. Il tombe donc réellement des pierres du ciel? Eh bien, voyez : à l'époque de mon procès, je n'ai pas songé à donner aux jurés cette explication de la mort de Denis... ce que c'est que d'être savant! Oui, oui, c'est très-clair. Pardieu! il faut dire cela à mes ennemis... c'est un *rolite*... Dieu a voulu conserver mon mûrier aux vers à soie d'Orléans...

— La soie était connue des anciens, balbutia Prosper sans changer d'attitude; les Phéniciens apportèrent de l'Inde à

Rome la *materies serica*... Henri II, le premier, porta des bas de soie le jour...

Il n'acheva pas et bondit en arrière en poussant un cri déchirant. Agathe et Rufin, que les clameurs des deux insensés avaient tenus un moment à distance, s'étaient enhardis à s'approcher. La vue d'Agathe avait produit sur son cousin un effet terrible; il agitait les bras comme pour la repousser et prononçait des paroles inintelligibles.

— Prosper, s'écria la jeune fille, Prosper, revenez à vous!

Mais, au lieu de se calmer, Latour redoubla ses cris et s'enfuit comme un forcené vers la porte du jardin. On l'entendit longtemps encore après qu'il eut disparu, et lorsque déjà, sans doute, il avait parcouru une partie du faubourg.

— Qui se serait douté de ce malheur? dit le notaire, quand les cris se furent éteints dans l'éloignement. On ne nous avait donc pas trompés? Pourvu que son domestique, qui l'attendait dans la loge, l'ait suivi pour l'assister dans cet horrible accès!

Agathe, sombre et pensive, n'écoutait pas. Tout à coup, levant les mains au ciel, elle s'écria avec explosion :

— Oh! je connais maintenant le meurtrier de Denis... c'est lui!

— Qui donc? demanda Rufin vivement, ce pauvre insensé qui était là tout à l'heure? Vous n'y pensez pas, mon enfant; il n'avait que onze ans à l'époque de l'événement. Je le ramenai moi-même jusqu'à sa pension dans cette soirée fatale, et il n'avait aucun moyen de s'introduire ici. De plus, il a été constaté dans l'instruction du procès que le meurtrier de Denis devait avoir une certaine vigueur, puisque le cadavre avait été traîné à une distance de dix pas. Réfléchissez à tout cela, Agathe. Encore une fois, c'est impossible !

— Mais vous n'avez donc pas entendu les paroles qu'il a laissé échapper dans son délire ?

— J'ai entendu des paroles incohérentes, dans lesquelles il y aurait de la témérité à chercher un sens raisonnable. Agathe, l'infortune de votre cousin est bien assez grande, sans que vous l'accusiez encore d'un crime !

— Rufin, je ne puis me rendre compte des circonstances du meurtre ; mais je suis sûre que Prosper a pris part aux événements de cette nuit fatale, ou du moins qu'il en a été le témoin.

— Oui, petite sotte, dit Guingret en se frottant les mains, nous savons maintenant à quoi nous en tenir ; c'est un *rolite* qui a tué Denis... Il n'est pas besoin de chercher d'autre explication.

V

La réhabilitation.

Le lendemain matin, le notaire arriva de bonne heure à la maison du faubourg; sans doute Prosper, malgré la scène inconcevable de la veille, ferait une visite à ses amis dans la journée, et Rufin désirait assister à l'importante explication qui allait sans doute avoir lieu. Agathe avait passé une nuit affreuse; ses yeux et ses joues étaient enflammés par la fièvre de l'insomnie. Quant à Guingret, il manifestait, par contraste, une gaieté extraordinaire; il riait sans cesse, se frottait les mains, et semblait avoir retrouvé pour un instant cette activité qui l'avait abandonné depuis ses malheurs.

Agathe et son tuteur s'entretinrent encore de l'événement de la veille; mais Agathe n'affirmait plus positivement la culpabilité de son cousin ; le doute était venu pendant la nuit ; nous savons qu'elle aimait Prosper.

Le bruit de la sonnette se fit entendre ; elle tressaillit, et quand des pas résonnèrent sur le perron de la terrasse, elle fut prise d'un tremblement nerveux. On eût dit qu'elle s'attendait à quelque effrayante apparition. Mais Prosper entra aussitôt, et Agathe retint avec peine un cri de surprise.

Il ne ressemblait plus, en effet, à l'homme de la veille. Sa toilette était recherchée ; sauf un peu de pâleur, ses traits avaient repris leur sérénité. Il marchait avec aisance, un sourire sur les lèvres, tenant à la main un élégant bouquet.

— Bonjour, ma belle Agathe ! Je vous salue, monsieur Rufin ! Comment vous portez-vous, mon oncle Guingret ? continua-t-il en secouant amicalement la main du vieillard.

Puis, sans attendre de réponse, il se tourna gracieusement vers sa cousine, et lui offrit les fleurs qu'il avait apportées.

Agathe et Rufin ne savaient plus que penser ; au lieu du frénétique à l'œil hagard qui les avait quittés en hurlant peu d'heures auparavant, ils retrouvaient un jeune homme modeste, poli, prévenant. Ils s'étaient levés à sa vue et examinaient chaque mouvement, chaque geste de l'inexplicable jeune homme. Agathe eut à peine assez de sang-froid pour balbutier un remercîment en acceptant le bouquet.

Prosper s'aperçut sans doute de l'étonnement mêlé d'effroi qu'il inspirait, car il reprit avec un accent d'affectueux reproche :

— Eh bien, qu'avez-vous donc ce matin, ma chère Agathe ? et vous-même, monsieur Rufin, vous me regardez d'une manière... Auriez-vous quelque fâcheuse nouvelle à m'annoncer?

— Il ne se souvient de rien, pensa le notaire.

— Non, non, Prosper, ce n'est pas cela répliqua la jeune fille avec embarras.

— Mais qu'y a-t-il donc alors?... Ah! je sais, continua-t-il en se frappant le front; vous m'en voulez sans doute pour la manière un peu brusque dont je vous ai quittés hier au soir?... Car je vous ai quittés brusquement hier au soir, n'est-ce pas?

En même temps il attacha un regard inquiet sur sa cousine, qui se détourna en murmurant :

— Oui, oui, très-brusquement, en effet.

— Et c'est pour cela que vous me gardez rancune, Agathe? demanda Latour d'un ton suppliant; j'avais pourtant réclamé votre indulgence pour une certaine bizarrerie de caractère dont je ne suis pas maître. Je vous avais prévenue que par moments, bien rares il est vrai, mes idées se troublent, ma tête se perd, et alors, dans la crainte de fatiguer les personnes qui se trouvent près de moi, je m'éloigne sans retard... Je suis sujet aussi à prononcer, dans ces moments-là, des paroles incohérentes... tenez, j'en suis sûr, j'ai dit hier quelque chose qui vous aura paru dépourvu de sens commun; convenez-en?

En même temps il essayait de sourire.

— Oui, dit Rufin d'un air dégagé, nous parlions de l'événement dont le grand mûrier a été la cause, et vous avez avancé des opinions assez extraordinaires...

— Ah! je sais, reprit Prosper en cherchant vainement à

imiter le calme de son interlocuteur; oui, je me souviens... la soirée, le silence, ce feuillage du mûrier, tout cela me rappelait... Mais ces opinions dont vous me parlez? En vérité, je suis distrait, étourdi, et je ne sais plus ce que je soutenais hier soir.

Le notaire allait répondre, mais Guingret, qui, depuis l'arrivée de son neveu, éprouvait une démangeaison de placer son mot, s'écria avec empressement :

— Dites donc, monsieur, vous avez eu hier une fameuse idée, sur ma foi! J'y ai réfléchi toute la nuit, et plus j'y pense, plus je trouve votre explication raisonnable. Oui, vraiment, il n'y a qu'une pierre tombée du ciel, un *rolite*, comme vous appelez cela, qui ait pu tuer Hyacinthe Denis.

— Est-ce là l'opinion que j'ai soutenue? demanda Prosper en rougissant malgré lui; eh bien, aujourd'hui encore je ne m'en défends pas. Sans doute l'opinion est hardie; mais il n'y a aucun autre moyen d'expliquer l'étrange événement de cette nuit fatale. La chute d'un aérolithe est chose fort rare, il est vrai; mais il y a des hasards si extraordinaires! Je suis fâché que cette pierre n'ait pas été conservée; on l'eût analysée, et on eût pu s'assurer si elle était réellement un aérolithe; le fait serait important pour la cause et pour la science.

En débitant ces arguments impossibles avec un sang-froid apparent, Latour, bien qu'il comptât sans doute sur l'ignorance et la simplicité de ses auditeurs, n'en souffrait pas moins une cruelle torture intérieure. La sueur lui coulait du front en larges gouttes. Agathe sembla avoir pitié de lui, et, résolue à brusquer cette pénible explication, elle dit avec effort :

— Prosper, vous avez affirmé autre chose... vous en souvenez-vous?

— Je ne m'en souviens pas.

— Vous nous avez révélé que le meurtrier de Hyacinthe Denis était un enfant de onze ans!

Prosper poussa un sourd gémissement et se laissa tomber dans un fauteuil. Agathe et Rufin s'attendaient à un nouvel accès de démence; la jeune fille, épouvantée de sa propre témérité, s'était rapprochée du notaire comme pour trouver un appui au moment de l'explosion qu'elle prévoyait. Cette explosion n'eut pas lieu; des sanglots annoncèrent que l'émotion de Prosper suivait un cours différent.

— Vous pleurez, Prosper, dit Agathe avec une timidité mélancolique; c'est donc vrai?

Le jeune homme releva lentement la tête.

— C'est vrai, murmura-t-il.

— Quoi! s'écria Rufin hors de lui, ce pauvre Guingret serait innocent? Quoi! ceux qui l'ont connu l'auraient accusé à tort depuis dix ans... et moi le premier? Oh! c'est impossible!

— Demandez-lui donc grâce avec moi, dit Prosper en joignant les mains, car il est innocent!

— Certainement, je suis innocent! s'écria Guingret transporté, puisque c'est le *rolite*...

— C'est moi, mon oncle, dit Prosper d'une voix éteinte.

L'insensé le regarda, mais il se tut et hocha la tête d'un air étonné.

— Il ne peut plus vous comprendre, dit Agathe.

— Ce sera donc à vous, chère Agathe, reprit Prosper avec plus d'énergie, à vous aussi, monsieur Rufin, que je ferai l'aveu sincère d'un affreux secret que je porte depuis dix ans dans mon cœur et qui, après avoir égaré ma raison, finira peut-être par me tuer...

Et comme sa cousine et le notaire suivaient avec inquiétude chacun de ses mouvements, il leur dit doucement :

— Oh ! ne craignez rien de moi ; je suis calme maintenant et je resterai calme jusqu'à la fin de mon récit. Je connais à certains signes les approches de ces accès de délire et je sais m'éloigner à temps... D'ailleurs le son de votre voix, Agathe, a toujours suffi pour me rappeler à moi-même.

Il fit une pause comme pour recueillir ses forces dans ce moment décisif. Agathe, refugiée près de son père, lui serrait convulsivement les mains, pour appeler son attention sur le récit qu'ils allaient entendre. Rufin allait et venait dans la chambre.

— Monsieur Latour, dit-il enfin, expliquez-vous de grâce ; depuis dix ans j'ai réfléchi bien des fois au crime mystérieux dont mon vieil ami a porté la peine, et jamais la pensée qu'un autre que lui eût été le coupable n'a pu résister à un moment d'examen.

— Cependant, monsieur, reprit Prosper à demi-voix, je vous ai dit la vérité ; vous n'avez pas songé que ce qui semblait impossible à un homme raisonnable et prudent ne l'était pas pour un enfant téméraire comme je l'étais alors.

Vous vous rappelez, monsieur, que vous m'avec conduit vous-même à la pension pendant cette soirée fatale. Je rentrai, en effet ; mais j'avais le moyen de m'échapper quand je voulais de l'institution, en trompant la surveillance des maîtres. Une heure environ après votre départ, j'étais déjà en route pour revenir. Le but de cette escapade d'écolier vous paraîtra bien futile ; j'avais à la pension des vers à soie, et je manquais de feuilles de mûrier pour les nourrir. Comme mon oncle m'en avait refusé le jour même, j'avais pris la résolution, autant pour me venger de lui que pour me procurer la nourriture de mes favoris, de venir dépouiller la nuit cet arbre précieux dont on m'avait défendu l'approche.

A l'extrémité du clos se trouvait un chêne dont le tronc était du côté du chemin, tandis que de grosses branches se projetaient dans le clos même, par-dessus la haie touffue et impénétrable. Ce fut par là que je tentai l'escalade, et, malgré la difficulté d'une pareille entreprise, elle réussit au delà de mes souhaits.

— Mais cela n'est pas croyable ! s'écria involontairement Rufin en bondissant sur son siége.

— En effet, répondit Prosper sans se fâcher de cette interruption, il ne pouvait venir à l'idée de personne qu'après avoir grimpé péniblement à un tronc d'arbre noueux et entouré d'épines, il se trouverait quelqu'un d'assez hardi pour se suspendre à une branche et pour se laisser tomber, de près de vingt pieds de haut, dans une propriété particulière... Ce fut pourtant ce que je fis, et bientôt je me trouvai dans le clos, sans autre mal que de légères contusions.

Rufin leva les mains au ciel comme un homme qui, après

14

avoir longtemps cherché le mot d'une énigme, finit par découvrir que rien n'était plus simple.

— Une fois dans l'enclos, continua Prosper, je me crus au comble de mes vœux ; la nuit était noire, et je me promettais de ne faire aucun bruit afin qu'on ne pût m'entendre de la maison, où je supposais tout le monde endormi.

Je me dirigeai vers les framboisiers, près desquels mon oncle avait l'habitude de déposer une petite échelle à bras. J'avançais sans défiance, lorsque tout à coup, à trois pas de moi, j'aperçus quelque chose qui s'agitait dans l'ombre au pied du mûrier...

Mon premier sentiment fut un sentiment de terreur superstitieuse. Je frissonnai et demeurai à la même place, sans pouvoir avancer ni reculer. La faiblesse de l'enfant l'emporta sur l'audace de l'écolier. Pendant que j'étais comme pétrifié, sans haleine et sans voix, l'objet qui m'avait effrayé changea de place ; à la douteuse clarté des étoiles, je distinguai la forme d'un homme qui semblait travailler au pied du mûrier. Sûr alors que j'avais affaire à une créature vivante et non pas à quelque fantastique apparition, ma terreur cessa, et je fis un mouvement pour m'éloigner. Ce mouvement me trahit ; on tourna la tête et on demanda à voix basse :

— Qui est là ?

Je reconnus Hyacinthe Denis.

Sans répondre, je tentai de gagner les framboisiers, où j'espérais me blottir. Denis, qui d'abord semblait aussi inquiet de ma présence que je l'étais de la sienne, me reconnut je ne sais à quel indice. Il me dit avec l'accent de la menace, sans pourtant élever la voix :

— Ah! c'est encore toi, petit drôle! polisson! Tu viens m'espionner, sans doute, et demain tu iras redire à mon beau-père que tu m'as vu ici... Attends, méchant garnement, tu vas avoir ta récompense !

Il courut à moi, dans l'intention sans doute de m'effrayer par des menaces et de s'assurer ainsi de mon silence; mais dans ce moment je ne songeais pas qu'il pouvait avoir intérêt lui-même à éviter le scandale et le bruit; je lui supposais des intentions de vengeance. Je me mis à fuir en lui disant d'une voix suppliante :

— Oh! laissez-moi, laissez-moi, je vous en prie!

Cette frayeur même l'engagea peut-être à persister dans son projet. Bientôt je me trouvai acculé dans un coin du jardin où il ne pouvait manquer de m'atteindre. Alors ma raison se troubla; l'instinct aveugle de la propre défense se réveilla en moi; je me baissai pour chercher à terre un objet dont je pusse me défendre... Une pierre se trouvait sous ma main, je m'en saisis, et au moment où Denis allait me joindre je l'en frappai avec violence... il tomba en poussant un cri déchirant, lamentable... que j'ai entendu bien souvent depuis... que j'entends encore!...

Prosper Latour avança le bras comme pour repousser un fantôme menaçant; ses yeux étaient égarés; il semblait en proie à une terrible fascination; mais ce délire dura peu. Agathe lui adressa quelques paroles d'encouragement; il la remercia par un sourire et reprit après une courte pause :

— Ce qui se passa ensuite est peut-être plus incroyable encore. Quand Denis fut étendu sans mouvement à mes pieds, je le regardai d'un air hébété sans comprendre ce que j'avais fait. J'étais dans un état d'anéantissement profond qui ne me permettait d'avoir ni une pensée ni un regret. Cet horrible événement, en excédant la force de mes facultés, les avait paralysées toutes à la fois. Je ne sais combien de temps eût duré cette sorte d'évanouissement moral, si un bruit subit, parti de la maison, n'eût réveillé par une nouvelle secousse ma sensibilité engourdie.

C'était mon oncle; ce cri d'agonie avait frappé ses oreilles, et sans doute il venait à la découverte. Or, le cadavre était encore étendu au milieu d'une allée.

Alors un élan de désespoir, que je m'explique à peine aujourd'hui, décupla ma vigueur; je saisis le cadavre par ses vêtements avec une espèce de fureur et je l'entraînai jusqu'aux framboisiers, à dix pas de l'endroit où il était tombé. Comment un enfant put-il accomplir cette tâche? Je l'ignore, mais une minute à peine m'avait suffi. Puis quand le cadavre fut en partie caché dans le feuillage, je me blottis derrière lui en silence... Mon oncle passa près de nous, mais il ne vit rien. Dès qu'il fut rentré, je me levai: j'avais, je crois, du sang au visage; je gagnai la porte du jardin que Denis, heureusement pour moi, avait laissée ouverte. Je courus comme un insensé; mais à quelque distance mes jambes se dérobèrent sous moi et je tombai évanoui contre une borne du faubourg.

Quand je repris mes sens, le jour allait bientôt paraître. J'avais tout oublié et j'eus quelque peine à reconnaître où j'étais. Cependant l'usage de ma raison me revint peu à peu; d'abord le funeste événement qui venait de se passer m'apparut comme un épouvantable rêve, mais bientôt ma mémoire m'en reproduisait les circonstances... Je me levai brusquement; la peur me rendit une vigueur factice... Je croyais entendre encore derrière moi le cri déchirant de Denis lorsqu'il tomba, des voix menaçantes qui m'appelaient assassin. Je me mis à courir avec légèreté dans la direction de la ville; je ne sais comment j'y arrivai, comment je rentrai dans la pension sans qu'on se fût aperçu de mon absence; je ne recouvrai un peu de lucidité que plusieurs jours après, lorsqu'au sortir d'une violente fièvre on m'annonça que ma mère avait envoyé l'ordre de me faire partir pour Paris.

Je ne me rendais pas compte alors du motif de ce départ subit, et j'obéis sans murmurer. Je voulus, avant de quitter Orléans, vous faire mes adieux, mais on m'en dispensa sur je ne sais quel frivole prétexte; à Paris seulement une lettre de ma mère m'apprit l'arrestation de mon oncle et le crime qu'on lui imputait.

Il serait impossible, Agathe, d'exprimer les affreuses tortures que je souffris alors! moi, tout jeune enfant, j'étais coupable d'un crime dont l'homme le plus énergique et le plus expérimenté dans les choses de la vie eût eu peine à supporter le poids! Bien plus, on accusait un innocent du malheur dont j'avais été la cause, et cet innocent était mon oncle, mon second père, votre père à vous, Agathe, un honnête homme, dont je n'avais reçu que des bienfaits! Dans les premiers moments je voulus venir me jeter aux pieds des juges, confesser mon crime involontaire, demander grâce pour mon pauvre oncle; mais là, Agathe, la faiblesse de l'enfant trahissait la volonté momentanée du coupable; la peur, cet horrible sentiment qui me poursuivait jusque dans mon sommeil, comprimait mes transports généreux, mes élans du cœur; le moindre bruit me faisait tressaillir; je croyais voir partout des agents de la force publique qui venaient m'arrêter; je rêvais de juges, de geôliers, d'échafauds... et je n'avais que onze ans! Cependant, je vous le jure, Agathe, malgré ces terreurs, ces angoisses inouïes, dont le souvenir me fait encore dresser les cheveux, si votre père eût été condamné, j'eusse trouvé la force d'accourir à son secours!

Son acquittement me rendit plus calme; je ne comprenais, hélas! à cette époque, que le fait matériel de sa mise en liberté; je crus le danger éloigné pour toujours. Alors je voulus redevenir ce que j'étais auparavant, un enfant frivole, jouissant au jour le jour des plaisirs du jeune âge; mais cela n'était plus possible. Le remords, la réflexion, avaient tué en moi la fleur de l'enfance; le travail seul m'offrait des distractions, je m'y livrai tout entier. On attribua à des aptitudes puissantes les progrès que je devais seulement au désir d'échapper à mes souvenirs.

Vous savez, Agathe, ce que m'a coûté, ainsi qu'à votre malheureux père, l'événement dont j'aurais dû porter seul la responsabilité. Sans cette fatale démence, Agathe, du jour où j'ai été libre et seul maître de ma fortune, je fusse accouru ici près de vous, près de mon oncle, pour vous secourir, vous consoler; mais je craignais que votre présence, l'aspect de ce lieu n'éveillât en moi le délire passager pendant lequel je pouvais trahir mon secret. Ce n'est qu'après deux ans que je me suis cru assez fort pour tenter l'épreuve... Vous voyez comme elle a réussi!

Et maintenant vous savez tout; je n'ai pas cherché à atténuer mes fautes; je suis prêt désormais à en accepter les conséquences. C'est à vous de décider, Agathe, quelle punition doit m'être infligée; c'est à vous de fixer quelle réparation est due à votre famille. Parlez sans crainte, Agathe, car je ne reculerai devant aucun sacrifice que vous m'imposerez, même celui de rendre l'honneur à votre père en me dénonçant comme coupable du crime dont il subit la honte.

Un mot encore, ajouta Prosper en terminant; peut-être, Agathe, me reprocherez-vous d'avoir sollicité votre main sans vous avoir fait l'aveu préalable du meurtre dont je suis l'auteur et des accès d'aliénation mentale qui en sont les suites. Je l'avoue, c'était surprendre votre bonne foi, votre affection; mais je ne trouvais pas d'autre moyen de réparer les maux dont je suis cause, et mon aveu pouvait rendre le mariage impossible... D'ailleurs, je vous aime... c'est là ma principale excuse. Puisse-t-elle, Agathe, vous engager à ne pas vous montrer trop sévère envers moi! Mais quel que soit mon sort, je le supporterai, sinon sans chagrin, du moins sans plainte et sans reproche!

Le bon notaire prit une prise de tabac, soit pour cacher son émotion, soit pour aider son intelligence dans le choix du conseil qu'il convenait de donner à sa pupille. Quant à Agathe, plongée dans une sombre rêverie, elle tournait la tête à droite et à gauche d'un air d'inexprimable angoisse. Elle reprit pourtant d'une voix ferme :

— Notre devoir, Prosper, est nettement tracé, et il ne nous est permis ni à l'un ni à l'autre de nous en écarter. Ce qui doit nous occuper avant tout est la position affreuse faite à mon père innocent par une accusation de meurtre. Quoique étrangère aux lois criminelles, je pense que la divulgation de la vérité ne pourra emporter contre vous aucune pénalité; ainsi, donc, Prosper, je suis en droit de demander, au nom de votre malheureux oncle, une déclaration publique et légale qui le réhabilite aux yeux du monde.

Ruffin fit un geste de surprise en écoutant cette dure proposition.

— J'obéirai, répondit Latour.

— Sur un autre point, continua la jeune fille avec moins d'assurance, vous comprenez, monsieur, que vous ne pouvez plus invoquer une parole... surprise. Il m'est défendu d'épouser celui dont le nom se rattache à tous les malheurs de ma famille.

— Cette parole, dit Prosper avec un effort douloureux, je vous la rends.

— Quant à vos bienfaits, si je n'ai pas été libre de les repousser au nom de mon père, il me sera bien permis, en ce qui me regarde, de les refuser désormais... et comme nous ne devons plus nous revoir, je prie M. Rufin d'arranger avec vous les choses de telle sorte que cette propriété réponde des sommes...

— Agathe! Agathe! dit Latour d'une voix déchirante, en se couvrant les yeux, vous me haïssez donc?

Sans doute Agathe n'était pas aussi inexorable qu'elle voulait le paraître; cette rigueur même prouvait qu'elle se défiait de ses sentiments secrets, et qu'en croyant remplir un devoir pénible, elle dépassait le but. A ce cri de douleur son stoïcisme l'abandonna, et elle tomba sur un siége en sanglotant. La voix insinuante du notaire Rufin la rappela à elle-même.

— Mon enfant, dit le vieillard près de son oreille, votre affection pour votre père vous égare. Vous êtes plus que sévère, Agathe, vous êtes cruelle, songez-y. D'ailleurs, en demandant à ce jeune homme une réparation pareille, avez-vous songé que celui au nom de qui vous l'exigez pourrait ne pas y attacher le même intérêt? Voyez là-bas...

Il désigna du doigt Guingret, qui avait pris place à l'autre extrémité du salon. Pendant le récit de Prosper Latour, le pauvre insensé s'était paisiblement endormi.

Cet incident, bien simple en apparence, était si profondément significatif dans la circonstance actuelle, qu'Agathe sembla déjà se repentir d'être allée si loin. Le vieux notaire devina ses regrets.

— Voilà, ma fille, reprit-il, celui pour qui vous ordonnez à votre cousin de sacrifier son avenir, sa réputation, et peut-être sa vie... Dites, Agathe, ce sommeil ne vous prouve-t-il pas suffisamment que l'impitoyable dévouement que vous demandez à Latour serait complétement inutile? Ne comprenez-vous pas que cette réhabilitation dont vous parlez viendrait trop tard aujourd'hui pour être efficace?

— Oui, monsieur, vous avez raison, dit la jeune fille en baissant la tête, il est trop tard, en effet... trop tard pour mon pauvre père!

— Et pourquoi alors, continua le vieillard avec plus de force, les projets que nous avions formés seraient-ils abandonnés pour toujours?... Agathe, le récit de votre cousin change bien la nature du triste événement que nous déplorons tous ; ce qui eût été un crime pour un autre, devient, à cause de la jeunesse de son auteur, un simple accident qu'on ne peut imputer à l'homme fait; pourquoi donc, sans motif raisonnable, ordonner à M. Prosper de reprendre la responsabilité d'un malheur qu'il a si cruellement expié? Pourquoi le repousseriez-vous comme un ennemi, quand je devine, à votre sévérité même, qu'il vous est plus cher que vous ne pensez ?

— Serait-il vrai, Agathe? s'écria Prosper d'une voix forte qui éveilla le vieillard en sursaut.

— Qu'importent, monsieur, reprit sa cousine avec trouble, qu'importent nos sentiments mutuels, puisque nous ne pouvons être unis? Je n'épouserai jamais le meurtrier du mari de ma sœur!

Les voix de Rufin et de Prosper empêchèrent d'entendre un cri faible qui fut poussé à la porte de la chambre.

— Et qui donc saura ce secret? dit Rufin avec véhémence; pourquoi ne resterait-il pas entre nous trois? Agathe, ne pardonnerez-vous donc jamais à ce jeune homme les malheurs dont il a tant souffert lui-même ?

— Je lui pardonnerai, moi, mais mon père... ma sœur...

— Votre père n'a rien à pardonner, puisqu'il n'accuse pas. Quant à votre sœur...

— Elle est chrétienne, monsieur, dit une voix austère derrière lui.

C'était Honorine qui avait entendu une partie de la conversation et qui avait deviné facilement le reste. La religieuse, avec son costume noir et son voile flottant, s'avança lentement dans la chambre.

— Monsieur, dit-elle à Prosper, ce n'est pas au moment où j'ai moi-même si grand besoin d'indulgence que j'ai le droit d'être impitoyable envers les autres ; quand vous avez commis ce meurtre, vous trouviez une excuse dans votre jeunesse; mais quand j'ai commencé à haïr et à mépriser mon père, j'avais l'âge de raison, je devais me souvenir de vingt ans de soins et d'affection... Priez Dieu, monsieur, que mon père me pardonne, comme je vous pardonne moi-même !

Elle vint s'agenouiller devant Guingret, qui lui ouvrit les bras par habitude.

Peu de temps après le mariage de Latour et de sa cousine, Guingret mourut paisiblement sans avoir recouvré la raison. Quant à l'aliénation mentale de Prosper, elle cessa avec les remords qui en avaient été la cause; et les deux époux allèrent chercher, loin du pays où s'était passé ce triste événement, la paix et le bonheur dont ils avaient tant besoin.

FIN

Bibliothèque nouvelle, à 1 franc le volume.

H. DE BALZAC vol.
Scènes de la vie privée.
La Maison du Chat-qui-Pelote. — Le Bal de Sceaux. — La Bourse. — La Vendetta. — Madame Firmiani. — Une Double Famille 1
La Paix du Ménage. — La Fausse Maîtresse. — Étude de Femme. — Autre Étude de Femme. — La Grande Bretèche. — Albert Savarus 1
Mémoires de deux jeunes Mariées. — Une Fille d'Ève 1
La Femme de 30 ans. — Femme abandonnée. — La Grenadière. — Le Message. — Gobseck 1
Le Contrat de Mariage. — Un Début dans la Vie 1
Modeste Mignon 1
Honorine. — Le Colonel Chabert. — La Messe de l'Athée. — L'Interdiction. — Pierre Grassou 1
Béatrix 1
Scènes de la vie parisienne.
Histoire des Treize. — Ferragus. — La Duchesse de Langeais. — La Fille aux yeux d'or 1
Le Père Goriot 1
César Birotteau 1
La Maison Nucingen. — Les Secrets de la princesse de Cadignan. — Les Employés. — Sarrasine. — Facino Cane 1
Splendeurs et Misères des Courtisanes. — Esther heureuse. — A combien l'amour revient aux vieillards. — Où mènent les mauvais chemins 1
La Dernière Incarnation de Vautrin. — Un prince de la Bohême. — Un Homme d'affaires. — Gaudissart II. — Les Comédiens sans le savoir 1
La Cousine Bette 1
Le Cousin Pons 1
Scènes de la vie de province.
Le Lys dans la vallée 1
Ursule Mirouet 1
Eugénie Grandet 1
Illusions perdues 2
Les Rivalités 1
Les Célibataires 2
Les Parisiens en province 1
Scènes de la vie de campagne.
Les Paysans 1
Le Médecin de campagne 1
Le Curé de village 1
Scènes de la vie politique.
Une Ténébreuse Affaire. — Un Épisode sous la Terreur. — L'Envers de l'histoire contemporaine. — Z. Marcas 1
Le Député d'Arcis 1
Scènes de la vie militaire.
Les Chouans. — Une Passion dans le désert 1
Études philosophiques.
La Peau de chagrin 1
La Recherche de l'Absolu 1
L'Enfant maudit 1
Les Marana 1
Sur Catherine de Médicis 1
Louis Lambert 1
Études analytiques.
Physiologie du Mariage 1
Petites Misères de la Vie conjugale 1
Théâtre 2
Les Contes Drolatiques 3

GEORGE SAND vol.
Mont-Revêche 1
La Filleule 1
Les Maîtres Sonneurs 1
La Daniella 2
Adriani 1
Le Diable aux champs 1

JULES SANDEAU
Un Héritage 1

ALPHONSE KARR
Histoires normandes 1
Devant les Tisons 1

Mme ÉMILE DE GIRARDIN
Nouvelles 1
Marguerite, ou Deux Amours 1
M. le Marquis de Pontanges 1
Poésies (complètes) 1
Le Vicomte de Launay 3
La Croix de Berny, en collab. 1

FRÉDÉRIC SOULIÉ
La Lionne 1
Julie 1
Le Magnétiseur 1
Le Maître d'école 1
Les Drames inconnus 1
Les Mémoires du Diable 2

ARNOULD FRÉMY
Les Maîtresses parisiennes 1
Id. (deuxième partie) 1
Les Confessions d'un Bohémien 1

LÉON GOZLAN
La Folle du logis 1
L'Amour des lèvres et du cœur 2
Aristide Froissart 1

LE Dr L. VÉRON
Mémoires d'un Bourgeois de Paris 5
Cinq cent mille francs de rente 1

STENDHAL (BEYLE)
Chroniques et Nouvelles 1

PHILARÈTE CHASLES
Souvenirs d'un Médecin 1
Le Vieux Médecin 1

ALEXANDRE DUMAS FILS
Diane de Lys 1
Le Roman d'une Femme 1
La Dame aux Perles 1
Trois Hommes forts 1
Le Docteur Servans 1
Le Régent Mustel 1

AMÉDÉE ACHARD
La Robe de Nessus 1
Belle-Rose 1
Les Petits-Fils de Loyelace 1
La Chasse royale 2
Les Rêveurs de Paris 1

CH. DE BOIGNE
Petits Mémoires de l'Opéra 2

ARSÈNE HOUSSAYE
Les Filles d'Ève 1

MÉRY
Une Nuit du Midi (Scènes de 1815) 1
Les Damnes de l'Inde 1

A. DE LAMARTINE
Geneviève, Hist. d'une Servante 1

J. GÉRARD (le Tueur de lions)
La Chasse au Lion, illustré 1

GRANIER DE CASSAGNAC
La Reine des prairies 1
Danaé 1

J. NORI
Le 101e Régiment 1

KAUFFMANN
Brillat le menuisier 1

LE DOCTEUR F. MAYNARD vol.
Voyages et Aventures au Chili 1

Mme MARIE DE GRANDFORT
L'Autre Monde 1

LE Cte DE RAOUSSET-BOULBON
Une Conversion 1

Mme LAFARGE (MARIE CAPELLE)
Heures de Prison 1

MISS EDGEWORTH
Demain 1

EUGÈNE CHAPUS
Les Soirées de Chantilly 1

Mlle ROGER DE BEAUVOIR
Confidences de Mlle Mars 1
Sous le Masque 1

CH. MARCOTTE DE QUIVIÈRES
Deux Ans en Afrique 1

MAXIME DU CAMP
Mémoires d'un Suicidé 1
Les Six Aventures 1

COMTESSE D'ASH
Les Degrés de l'échelle 1
La Marquise sanglante 1

HIPPOLYTE CASTILLE
Histoires de Ménage 1

CHAMPFLEURY
Les Bourgeois de Molinchart 1
Les Amoureux de Ste-Périne 1

Mme MOLINOS-LAFITTE
L'Éducation du foyer 1

LÉOUZON LE DUC
L'Empereur Alexandre II 1

NESTOR ROQUEPLAN
Regain, la Vie parisienne 1

FRANCIS WEY
Le Bouquet de cerises 1

HENRI MONNIER
Mémoires de M. J. Prudhomme 1

L. LAURENT-PICHAT
La Polonie 1

MOLIÈRE
Nouvelle édition par Philarète Chasles 5

Mme LOUISE COLET
45 lettres de Béranger 1

V. VERNEUIL
Mes Aventures au Sénégal 1

CH. MONSELET
Monsieur de Cupidon 1

J. DE SAINT-FÉLIX
Mademoiselle Rosalinde 1

PAUL FÉVAL
Blanchefleur 1
La Reine des épées 1
Le Capitaine Simon 1

LOUIS ULBACH
La Voix du sang 1
Suzanne Duchemin 1

GALOPPE D'ONQUAIRE
Le Diable boiteux à Paris 1
Le Diable boiteux en province 2
Le Diable boiteux au village 2

JULES LECOMTE
Les Pontons anglais 2

JUILLERAT
Les Deux Balcons 1

BARBEY D'AUREVILLY
L'Ensorcelée 1
L'Amour impossible 1

PAUL DHORMOYS
Une Visite chez Soulouque 1

Paris. — IMP. DE LA LIBRAIRIE NOUVELLE. — Bourdilliat, 15, rue Bréda.

www.ingramcontent.com/pod-product-compliance
Lightning Source LLC
Chambersburg PA
CBHW050322170426
43200CB00009BA/1426